홀로코스트
HOLOCAUST

Holocaust: 1933-1945
Edited by Noonbit Archives
Printed and bound in Korea

ⓒ 2021 by Noonbit Publishing Co.

눈빛아카이브는 사진전문 눈빛출판사가 부설·운영하는
한국 근현대사 및 근현대 사진가의 사진을 수집해
출판 및 전시기획하는 사진 아카이빙 전문기관이다.
지금까지 펴낸 책으로는 개화기와 대한제국, 일제강점기,
판문점과 비무장지대, 한국전쟁 1·2, 끝나지 않은 전쟁 외
한국 현대사진가 최민식, 김기찬, 전민조의 사진집 등
다수가 있다.

홀로코스트
나치 독일의 유럽 유대인 절멸의 역사
1933-1945
눈빛아카이브 엮음

초판 1쇄 발행일   2021년 3월 22일
발행인   이규상
편집인   안미숙
발행처   눈빛출판사
　　　　서울시 마포구 월드컵북로 361 이안상암2단지 2206호
　　　　전화 336-2167 팩스 324-8273
등록번호   제1-839호
등록일   1988년 11월 16일
편집   성윤미·이다
인쇄   예림인쇄
제책   대원바인더리·일진제책

ISBN 978-89-7409-240-5 04920
값 33,000원

홀로코스트

나치 독일의 유럽 유대인 절멸의 역사

1933-1945

눈빛아카이브 엮음

눈빛

미국 플로리
다 마이애미
에 건립된 홀
로코스트 추
모탑.

이 책을 출간하며

이규상

> 살아남아야 한다는 의지뿐만 아니라 꼭 살아남아 우리가 목격하고 참아낸 일들을 정확하게 이야기해야 한다는 의지가 생존에 도움을 주었을 것이다. - 프리모 레비(1919-1987) 아우슈비츠 강제수용소 생존자

이 책은 히틀러 나치 제국의 유럽 유대인 절멸의 역사를 기록한 사진들로 구성한 사진집이다. 히틀러의 제3제국과 우리가 연관된 것은 1936년 베를린올림픽에서 손기정 선수가 세계신기록을 수립하면서 마라톤에서 금메달을 따온 것뿐이다. 어딘가에 히틀러로부터 받아온 투구가 아직 남아 있을 것이다. 당시 한국은 엄혹한 식민지 시대였고, 유럽은 유대인 절멸이라는 홀로코스트를 향해 빠르게 질주하고 있었다. 너무 멀어 서로 아무 연관이 없을 것 같지만 1945년 8·15 이후 홀로코스트의 먹구름은 대륙을 가로질러 한반도에 도달했다. 다만 달랐던 것은 유럽의 홀로코스트가 인종 간에 벌어진 일이라면 이번에는 동족상잔이었다. 같은 방식으로 체포하고 연행하고 처형해 묻었다. 부인하고 은폐하는 기술까지도 같았다. 나중에는 남편이나 아버지의 죽음을 알고자 하는 아내와 아들까지 잡아 넣었다. 홀로코스트로 숨겨간 유대인은 600만에 이른다. 한국에서 학살된 민간인은 어떤 이는 100만이라고도 하고 또 어떤 이는 200만이라고도 한다.

　우리는 오랫동안 이 책을 준비해왔지만 막상 출간을 앞두고 주저하지 않을 수 없었다. 하나는 홀로코스트와 같은 학살이 이 땅에서도 진행되었다는 증거는 차고 넘쳤지만 이민족이 아닌 동족에 의해 벌어졌다는 사실이 오히려 발목을 잡았다. 전후 독일은 홀로코스트에 대한 책임을 통감하고 배상에 발벗고 나섰지만 우리의 이웃나라는 위안부 문제뿐만 아니라 식민 지배로

한국인들이 겪었던 고통을 철저히 외면해 오고 있다. 이와 마찬가지로 해방 후 한국전쟁까지 그리고 1980년 광주항쟁 당시 이 땅에서 벌어졌던 학살에 관한 문제는 그것이 역사적 사실이건 조사해야 할 사건이건 입에 올리는 것조차 금기시해 왔다. 아무도 책임지는 이 없고 진상 파악보다는 은폐에 급급했다. 따라서 이 땅에서 홀로코스트에 버금가는 민간인 학살이 있었다고 말하는 것조차도 용기가 필요한 일이었다.

또 하나는 세계사진사에서 홀로코스트 사진만큼 잔인하고 참혹한 사진은 없기 때문이었다. 독자들이 이 충격적인 사진들을 어떻게 받아들일지 선뜻 자신이 서지 않았다. 잔혹한 사진이란 대개 인체와 죽음에 관한 사진이다. 사진의 발명 이후 발달한 사진술은 제2차 세계대전을 전후해 절정에 이르렀다. 그 이전의 전쟁사진들은 오랜 노출로 정적이어서 전장의 현장감이나 참혹함을 그대로 전해 주지 못했다. 그에 반해 라이카나 롤라이코드와 같은 카메라의 순간노출로 촬영한 사진들은 선예도가 높아서 참혹한 현장을 거의 그대로 재현한다. 나치 독일 시대에 카메라 산업이 꽃을 피웠다는 사실은 결코 우연한 일이 아닌 것 같다. 그러나 결국 우리가 내는 사진집은 볼 준비가 되어 있는 독자들만 보아왔으니 그렇게까지 오지랖을 떨지 않아도 되겠다고 판단했다. 기억은 앞으로 나아가는 힘이다. 기억하지 않으면 아무것도 없다.

대부분의 사진은 독일군이나 히틀러의 사진사로 불리는 하인리히 호프만을 비롯한 독일인 사진가들이 촬영한 것이고, 해방 이후의 수용소 장면이나 시신 수습 등의 사진은 모두 미군 통신대를 비롯한 연합군 군속 및 종군사진가가 촬영한 것이다. 제2차 세계대전 종전 이후 미군 통신대는 미군정기에 한국으로 건너와서 사진을 찍었다. 사진을 찍은 이가 독일군이라 하더라도 역사 해석의 1차 사료로서 중요한 기록이므로 그들의 이름도 따로 기억해둘 필요가 있다. 그것은 마치 일제강점기에 일본인 사진가들이 촬영한 사진들을 찢어버리고 나면 우리에게 빈 앨범만 남는 것과 마찬가지인 일이다.

서구에서는 가히 '홀로코스트학(Holocaustlogy)'이라 할 정도로 홀로코스트에 관한 연구가 활발하다. 역사뿐만 아니라 문학 및 예술 분야에서도 나치 시대의 유대인 박해에 대한 다양한 성과물이 나오고 있다. 한국에서는 우리와 연관성이 없다고 판단하는지 아직 홀로코스트에 대한 연구가 미미하다. 우리는 1933년부터 1945년 해방까지의 홀로코스트의 전개 과정을 우리의 관점에서 연결고리를 찾아 최초로 정리하였다는 자부심으로 이 책을 출간한다. 사진은 맥락을 잡아주지 않으면 고삐 풀린 말처럼 날뛰는 매체이다.

이스라엘의 야드 바셈(Yad Vashem) 홀로코스트 박물관과 미국의 홀로코스트 기념 박물관(USHMM) 그리고 여러 선구적인 연구자의 저작물로부터 이 책의 콘텐츠 구성에 많은 도움을 받았다. 또한 얼마나 팔릴지 모르는 상당한 볼륨의 홀로코스트 관계 저작물들을 충실히 번역하여 국내에 소개해온 번역자들과 특별히 나치 독일의 홀로코스트와 한국의 민간인 학살이라는 어렵고도 무거운 주제의 원고 청탁에 흔쾌히 응해준 법인권사회연구소 이창수 연구위원께 감사드린다.

홀로코스트는 고대나 중세의 어느 시기에 있었던 참극이 아니라 놀랍게도 우리가 사는 이 시대에서 아주 가까운 100년도 채 안 되는 시점에 벌어진 일이다. 독일이 몇 년 전 아우슈비츠 경비원 전력이 있는 94세의 노인을 찾아내 응징할 정도로 아직 살아 있는 역사다. 따라서 홀로코스트에서 아무런 교훈도 추출해내지 못하고 눈감아 버린다면 그것은 어떠한 명분을 가지고 언제 어디서나 또다시 재현될지 모르는 인간의 악마적 본성인 것이다. 캄보디아의 킬링필드와 광주항쟁 그리고 최근의 미얀마 사태에 이르기까지 권력을 등에 업은 인간은 언제나 충분히 누군가를 참혹한 나락에 빠뜨릴 가능성이 있다. 천국은 멀어도 지옥은 저 멀리 있는 것이 아니다. 홀로코스트 사진이 보여주는 것은 나치와 유대인들에게 제한된 일이 아니라 모든 인간의 내면에 깃들어 있는 악마적 본성에 관한 경고라 할 수 있다. 이데올로기를 짊어지고 사는 우리에게도 예외는 아니다. 분노는 미움과 증오를 낳고 증오는 집단 광기를 불러온다. 힘들겠지만 직시해야 할 사진들이다. (눈빛아카이브 대표)

SS 친위대 장교가 부하들이 지켜보는 가운데 우크라이나에서 체포한 한 유대인을 집단 무덤가에 앉혀 놓고 권총으로 사살하고 있다. 총살당한 시신은 따로 옮길 필요 없이 바로 무덤 속으로 미끄러져 들어갔다.

홀로코스트 개요 Outline of the Holocaust

홀로코스트(Holocaust)는 1933년부터 1945년 사이에 독일 나치와 그 협력자들이 국가의 비호 아래 조직적으로 유럽의 유대인들을 박해하고 학살한 사건을 말한다. 일부에서는 독일의 폴란드 침공(1939. 9. 1)으로 시작된 제2차 세계대전 기간중의 나치의 유대인 학살을 제한해 지칭하기도 한다. 유대인들에 대한 반감은 유럽 사회에서 오래된 전통이 있었으며, 독일 히틀러 체제에서 극단적인 형태로 나타났다.

홀로코스트 대학살의 서곡은 1933년 나치의 집권과 동시에 시작되었다. 유대인들이 홀로코스트의 주요 희생자들이었으며 약 600만 명(550-700만 추산)이 학살되었다. 그중에는 150만 명의 어린이들이 포함된다. 로마니(집시), 육체적 및 정신적 장애인, 그리고 폴란드인 등도 인종, 민족 또는 국적을 이유로 파괴와 학살의 대상이 되었다. 게다가 동성애자, 여호와의증인 신자, 소련군 전쟁포로, 그리고 나치에 저항하는 반체제 인사 등도 극심한 탄압과 학살을 당했다.

'홀로코스트'는 '불에 의하여 희생된 제물(번제)'이라는 의미의 그리스어에서 유래된 말이다. 1933년 1월 집권에 성공한 나치는 독일 아리아인만이 '우월한 인종'이라는 믿음 하에 유대인을 '열등한 인종'으로 규정하고 그들을 소위 독일의 인종 사회를 위협하는 침입자로 치부하였다.

1933년, 유럽에 거주하던 유대인 인구는 약 9백만 명 이상이었다. 대부분의 유럽 유대인들은 제2차 세계대전중 독일이 점령한 지역에 거주하고 있었다. 나치와 그 협력자들은 유대인을 절멸하고자 나치 독일이 수립한 계획인 소위 '최종 해결(Final Solution)'을 실행하여 거의 세 명 중 두 명에 해당하는 유대인들이 학살되었다. '최종 해결'은 유럽의 모든 유대인들을 가스나 총살 또는 다른 방법으로 완전히 절멸시키는 것이었다.

나치 정권 초창기에 국가사회주의 정부는 실제적 및 잠재적 정치범과 사상적 반대파들을 감금하고 수용하기 위한 집단 수용소를 건립하기 시작하였다. 전쟁 발발 전, 수년간 SS(Schutzstaffel, 나치 친위대)와 경찰은 유대인들

한 아우슈비츠 수감자가 그린 나치의 유대인 처형 장면. 줄무늬 죄수복을 입은 이들은 수용소 내 잡무 담당했던 존데르코만도(특별 작업반원)들로서 시신을 처리하고 있다.

히틀러가 힘러와 함께 뉘른베르크에서 나치 친위대(SS)를 사열하고 있다. 1935. 9

과 로마니 집시들 그리고 인종적으로 열등한 다른 희생자들을 체포하여 이러한 수용소에 감금하기 시작하였다. 유대인들을 집단으로 수용하고 감시하며 차후에 수송하기 위하여 독일과 그 협력자들은 게토, 임시 수용소 그리고 강제 노동 수용소를 설립하였다. 나치 독일 당국은 소위 대독일 제국과 독일군 점령지 내에 수많은 강제수용소를 설립하고 유대인과 비유대인들을 데려다가 강제 노동을 시켰다.

1941년에서 1944년 사이, 나치 독일은 수백만 명의 유대인을 독일과 다른 점령 지역 그리고 그 동맹국 여러 나라로부터 게토로 그리고 강제수용소라 불리는 집단학살 수용소로 수송하여 특별히 고안된 가스실에 넣고 대규모로 학살하였다. 전쟁이 막바지에 이른 수개월 동안 SS는 가스실과 소각로 등 수용소 내의 대학살 증거를 인멸하는 한편 수감자들을 기차 수송이나 이른바 '죽음의 행진'이라고 하는 강제 행군을 통하여 이동시켰다. 이러한 행진은 1945년 5월 7일, 나치 독일이 연합군에 무조건 항복할 때까지 계속되었

안네 프랑크(Anne Frank, 1929-1945). 나치 치하의 독일에서 태어난 유대인
소녀로, 나치를 피해 네덜란드 암스테르담 다락방에서 2년간 숨어지내면서 겪
은 일들을 일기에 기록하였는데 그것이 후에 『안네의 일기』로 출판되어 전 세계
독자들이 유대인 박해의 실상을 알게 되었다. 안네 프랑크는 누군가의 밀고로
1944년 8월 4일 발각되어 아우슈비츠 수용소로 보내졌다. 1945년 3월 하노버
근처에 있는 베르겐-벨젠 강제수용소로 보내졌다가 그곳에서 언니 마고트 프
랑크와 함께 장티푸스에 걸려 사망하였다. 연합군이 수용소를 해방하기 한 달
전의 일이었다.

1962년 이스라엘을 방문해 야드 바셈 홀로코스트 박물관 정원에서 기념 식수를 하고 있는 오스카 쉰들러(Osca Schindler, 1908-1974). 유럽의 모든 나라가 유대인들에게 등을 돌렸지만 심지어 적국의 국민들 사이에서도 체포의 위험에 처한 유대인들을 숨겨주고 절망에 빠진 그들에게 구호의 손길을 내미는 이들이 적지 않았다. 체코 태생의 독일 사업가인 오스카 쉰들러는 위장 기업체를 운영하며 아우슈비츠 수용소에서 처형 위기에 처한 1,200명 이상의 유대인들의 목숨을 구했다. 1974년 사망한 그는 나치 당원 신분으로서는 유일하게 예루살렘 시온산에 묻혔다.

다. 이 과정에서 추위와 굶주림에 지친 수감자들이 다수 사망하였다. 오랜 수감 생활로 허약해진 이들은 강행군을 도저히 버텨낼 수 없었다. 연합군은 완강한 독일군의 저항을 격파하며 동유럽으로 진군하면서 강제수용소에 남아 있던 생존자들과 '죽음의 행진'에 나섰던 이들을 해방시켰다.

　홀로코스트에서 살아남은 많은 생존자들은 연합국이 운영하는 난민(Displaced Persons, DP) 수용소에 머무르게 되었다. 1948년부터 1951년 사이, 거의 70만 명에 가까운 유대인들이 이스라엘로 이주하였는데 이중 13만 6천 명이 유럽의 유대인 난민이었다. 이스라엘은 홀로코스트 희생자와 생존자가 세운 나라다. 건국 초기 식량난과 경제난으로 고전하던 이스라엘은 독일과의 비밀협상(1953)을 통해 홀로코스트 기간중 나치가 압류한 재산을 반환받아 위기를 넘길 수 있었다. 다른 유대인 난민들은 미국과 전 세계 여러 나라로 새로운 정착지를 찾아 이주하였다. 마지막 난민 수용소는 1957년에 문을 닫았다.

가슴에 '다윗의 별'을 단 한 유대인 사업가가 베를린의 거리를 걷고 있다. 다윗의 별이란 '다윗 왕의 방패(Magen David)'라는 뜻을 가진 히브리어에서 비롯되었으며, 유대인과 유대교를 상징하는 표식이다. 1941. 11. 29

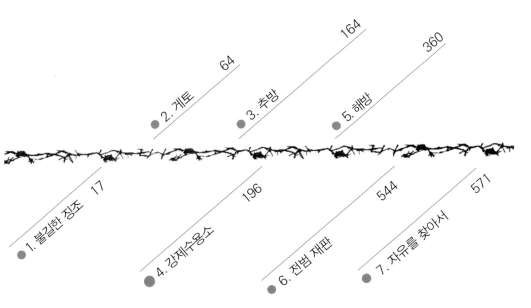

독일 어느 지방 소도시에 세워진 유대인 출입금지 푯말. "이곳은 유대인을 원하지 않는다!" 유럽에서 유대인은 법률적인 차별 하에서 살아가지 않으면 안 되었다. 게토(유대인 강제 거주 지역) 이외의 지역에서 사는 것은 금지되었고, 베를린을 비롯한 도시의 성문에는 유대인 전용 출입구가 있어서 그곳을 통해서만 출입해야 했다. 1938

1. 불길한 징조 An Ominous Sign

유대인으로서 교육은 일주일에 한 번 공립학교에 가는 것뿐이었습니다. 가톨릭이나 기독교에서 하는 것처럼 말이에요. 우리 가족은 오스트리아에서 태어났고 독일어를 하며, 다른 사람들처럼 보고 느꼈어요. 1938년 봄, 독일군들이 오스트리아로 행군해왔어요. 그와 함께 독일에서 5년간 진화해온 것이 몇 주 안에 오스트리아에도 번지기 시작했습니다. [...] 나는 학교에서 쫓겨났고 아버지의 가게는 문을 닫았습니다. 게다가 예금은 동결되었고 유대인들은 실직상태가 되었으며 전문 직종에는 종사할 수도 없게 되었습니다. 무일푼이 된 우리는 아파트 하나를 다른 유대인 가족과 나눠 써야만 했습니다. - 프레드 바롱, 오스트리아 비엔나 출신 베르겐-벨젠 강제수용소 생존자

폴란드 내에서도 항상 반유대주의가 있었습니다. 히틀러 이전의 구호는 "유대인들은 여기서 꺼져라. 팔레스타인으로 돌아가라"는 것이었어요. 히틀러가 정권을 장악한 이후에 나는 학교에 가지 않았기 때문에 친구들이 내게 침을 뱉거나 때리지 않았습니다. - 샘 뱅크할터, 폴란드 우치 출신 아우슈비츠 강제수용소 생존자

1920년대와 1930년대의 유럽은 유대인들을 열등하고 위험한 민족으로 보는 공격적이고 반유대주의적인 민족주의가 고개를 들고 있었다. 유대인의 경제활동을 제한하고 유대인들을 자신들 나라의 공적 생활과 거리를 두려고 했

다. 아돌프 히틀러(Adolf Hitler)가 독일에서 권력을 잡으면서 이 인종적 반유대주의는 독일 정권의 공식 이념과 정책이 되었다. 1938년에는 유대인 예배당(시나고그) 파괴, 대량 체포, 유대인 소유 사업장의 파괴와 약탈, 유대인 재산의 공식 등록 등을 포함한 조직적인 캠페인이 벌어져 결국 몰수에 대비했다. 유대인 외에도 로마와 신티, 동성애자, 정신질환자 등 제국의 적으로 간주되는 다른 집단들도 가혹한 박해를 받았다.

나치의 집권은 제1차 세계대전 이후 독일을 지배하던 의회민주주의의 바이마르공화국에 종말을 가져왔다. 1933년 1월 30일, 아돌프 히틀러가 독일 수상으로 취임하자 나치 정권(또는 제3제국)은 독일인들의 기본 권리를 제한하는 정권으로 재빠르게 변모하였다. 1933년 2월 28일, 독일 의회에 의문의 방화 사건이 일어나자 정부는 헌법적 시민의 권리를 제한하는 법령을 발표하고 정부의 법령 제정이 의회의 재가를 받지 않아도 되는 국가 비상사태를 선포하였다.

1934년 8월 1일, 파울 폰 힌덴부르그(Paul von Hindenburg) 대통령이 서거하자 히틀러는 독일의 대통령직에 해당하는 권력을 장악한다. 독일 군부는 히틀러에게 충성을 맹세하였다. 히틀러의 독재는 그의 지위를 독일 제3제국 대통령(국가수반), 제3제국 수상(행정부의 수장), 그리고 지도자(나치당 당수)의 반열에 올려놓았다. '지도자 원칙'에 따라, 히틀러는 법적 지위를 뛰어넘은 위치에 서서 직접 자신이 정책 문제를 결정하였다.

국내의 법률 제정 및 독일 외교 정책 모두에 있어 히틀러가 최종 결정권을 움켜쥐었다. 나치의 외교 정책은 독일 민족이 생물학적으로 우수한 인종이며, 그러한 우수한 독일 민족은 군사력을 이용하여 다른 민족을 점령하고 확장하여 궁극적으로 동유럽과 소련 전체를 통솔하여야 한다는 나치의 인종적 믿음에 기초하여 결정되었다. 여기에는 여성의 역할이 중대하였다. 독일 제3제국의 적극적인 인구 정책은 '인종적으로 순수한' 여성들이 가능한 한 많은 '아리아인' 어린이를 낳도록 적극 권장하였다.

독일 수상에 취임한 직후 뉘른베르크를 방문한 히틀러기 지지자들의 열렬한 환영을 받고 있다. 1933

　이러한 틀 안에서 유대인이나 집시와 같이 '인종적으로 열등한' 사람들도 그 지역에서 사라져야 마땅한 존재였다. 나치의 외교 정책은 애초부터 소련의 전멸을 전쟁 목표로 삼았으며, 나치 정권의 평화 시대는 단순히 독일 국민들에게 전쟁을 준비시키는 기간이었다. 이러한 이념적 전쟁의 맥락에서 나치는 주요 '인종적' 적으로 간주되는 유대인의 대량 학살인 홀로코스트를 계획하고 실행에 옮겼다.

독일의 유대인　1933년 인구조사에 따르면 독일에는 약 50만 명의 유대인들이 살고 있었던 것으로 추산된다. 이는 전체 독일 인구인 6,700만 명의 1퍼센트에도 미치지 못하는 숫자였다. 일반적인 인구조사 방법과는 달리, 1935년 뉘른베르크 법과 부속 법령에 명시된 나치 인종주의 기준은 개인의 조부모가 가졌던 종교에 따라 유대인을 분류했다. 따라서, 나치는 유대교에서 다른 종교로 개종한 수천 명도 유대인으로 분류하였는데, 그중에는 조부모가 유대인이었던 가톨릭 신부와 수녀, 개신교 목사들도 포함되어 있었다.

유대인 상점 불매운동   1933년 4월 1일 오전 10시, 독일 전역에서 SA(나치 돌격대)와 SS(나치 친위대) 대원들이 유대인 소유 사업체들 앞에 서서 해당 소유주가 유대인임을 사람들에게 알린다. '유대인'의 독일어인 'Jude'라는 단어를 사업체 창문에 지저분하게 적어 놓기도 하고, 문에 노란색과 검정색으로 다윗의 별을 그려 놓았다. 일부 마을에서는 SA 회원들이 반유대주의 구호를 외치고 당가를 부르면서 거리를 행진하곤 했다. 다른 마을에서는 불매운동에 폭력이 동원되는데, 킬(Kiel)이라는 곳에선 유대인 변호사가 살해되었다. 이러한 불매운동은 매일 자정이 되어서야 끝났다. 전국 단위의 이러한

크리스탈 나하트(수정의 밤)에 나치의 방화로 불타고 있는 프랑크푸르트 유대인 대예배당(시나고그). 1938. 11

불매운동이 1930년대 전반에 걸쳐 줄기차게 계속되었다.

뉘른베르크법 1935년 9월 15일, 연례 전당대회에서 나치는 유대인을 2급 시민으로 만들어서 이들의 정치적 권리 대부분을 박탈하는 새로운 법을 공표한다. 이날 제정된 뉘른베르크법은 모든 유대인들의 정치적 권리를 박탈시켜 버렸다. 이 법에 따르면, 독일 안에서 정치적 권리는 아리안족의 혈통을 가진 자만이 가지도록 규정하고 있다. 또한 유대인은 '독일인 또는 관련 혈통'을 가진 사람과 결혼이나 성관계를 하지 못하도록 금지시켰다. '혈통적 불명예'로 알려진 이러한 행위는 범죄 행위로 간주되었다. 뉘른베르크법은 '3대 조(祖) 내에 유대인의 피가 섞여 있는 사람'이 있거나 유대교를 믿는 사람을 '유대인'으로 정의한다.

크리스탈 나히트 1938년 11월 9일, 독일 외교관 에른스트 폼 라트(Ernst vom Rath)가 파리에서 유대인 청년에 의해 암살되자, 독일 선전부 장관 요제프 괴벨스(Joseph Goebbels)는 뮌헨에서 나치당 신봉자들에게 유대인 비밀 결사 조직의 전쟁 선포라며 분노에 찬 연설을 한다. 이날 당원들은 실패로 돌아간 1923년 맥주 홀 폭동(아돌프 히틀러가 정권을 잡으려 했던 최초의 시도)사건을 기념하기 위해서 모여 있었다. 이 연설은 SA(나치 돌격대), SS(나치 친위대), 그리고 히틀러 청년단원과 같은 기타 나치당 조직의 회원들이 유대인 가정, 사업체, 예배당을 조직적으로 공격하는 신호탄이 된다. 비록 나중에 나치 관료들은 이러한 대량 학살을 대중이 분노하여 일으킨 우발적인 행동이라고 공언했지만, 이 사건에 일반 대중의 참여는 거의 없었다. 유대인들에 대한 폭력 사태는 11월 10일 아침까지 계속되어서 이것을 '크리스탈 나히트(수정의 밤)' '산산조각난 유리의 밤'이라고 부른다. 최소한 91명의 유대인들이 살해되고 최대 3만 명 이상이 체포되어 집단 수용소에 감금되었다. 이날 이후부터 유대인 소유 사업체를 '아리아인'에게 귀속시키는 '아리아인화'가 가속화되었다.

유대인 상점 앞에서 불매운동을 벌이고 있는 나치 돌격대
(SA) 대원들. 1933. 4. 1
▶ 나치 돌격대(SA) 한 대원이 유대인 소유 티에츠 백화점
앞에서 "유대인의 물건은 사지 말자"는 피켓을 걸어놓고 불
매운동을 벌이고 있다. 1933. 4

N. JSRA
AEL
Deutsche!
Wehrt Euch!
Kauft nicht bei Juden!
Deutsche!
Wehrt Euch!
Kauft nicht bei Juden!

유대인 상점 불매운동 팻말을 목에 건 네 명의 SA 요원들이 베를린의 유대인 소유의 N 백화점 앞에 서 있다. 팻말에는 "독일들이여! 유대인들로부터 스스로를 보호하라"라는 구호가 적혀 있다. 1933. 4. 1

SA 요원들이 유대인 상점 불매운동 전단을 시민들에게 나눠 주고 있다. 1933. 4
◀ 한 시민이 유대인 소유 백화점 쇼윈도에 붙은 불매운동 포스터를 읽고 있다. "독일인들은 유대인들의 극악무도한 선전으로부터 스스로를 보호해야 한다. 모든 물건은 독일 상점에서만 사자!" 1933. 4. 1

시민들이 이용하는 세르비아 베오그라드의 전차 측면에 '퓌어 주덴 베르보텐(유대인 탑승금지)'이라는 표시가 되어 있다. 제2차 세계대전 발발 직전의 반유대주의는 전 유럽적인 현상이었다.

▶ 위, 오스트리아 나치의 테러 공격으로 파손된 빈의 유대인 소유 상점 앞에서 경찰이 경비를 서고 있다. 1933-38
아래, 유대인에 대한 나치의 박해에 항의하기 위해 모든 유대인 상점이 철시한 거리. 1933. 7. 20

SA 대원들이 독일
남동부 바이에른주
의 로젠하임 거리
에서 유대인들이
소유한 7개의 사업
체에 대한 불매운
동을 벌이고 있다.
1933. 4. 1

경트럭을 탄 한 무리의 SA 대원들이 베를린 거리를 주행하
며 유대인 상점 불매운동을 벌이고 있다. 1933. 4. 1 사진:
뉴욕타임스

SA 대원들과 대학생들이 오페라 광장에서 책들을 한데 모아 불태우고 있다. 이른바 독일판 분서갱유 사건이다. 1933년 5월 나치 추종자들이 훔볼트 대학 도서관에서 수만 권의 책을 끄집어내어 공개적으로 불태웠다. 149명의 유대인, 공산주의자, 나치 사상에 반대하는 자유주의 저자들의 책들이 주 대상이었다. 1933. 5. 10

뮌헨에서 열린 '영원히 유랑하는 유대인(Der Ewige Jude)' 행사 개막식에 참석한 율리어스 슈트라이허, 요제프 괴벨스(오른쪽에서 두번째) 등 나치 관리들. 1940년 이 행사 제목과 같은 유대인들을 조롱하고 멸시하는 다큐멘터리 영화가 출시되었다. 1937. 11. 8

한 독일 경찰관이 길거리에서 마주친 유대인의 수염을 잡
아당기며 조롱하고 있다.
▶ 한 무리의 독일 배우들이 유대인들의 생활 방식을 우스
꽝스럽게 풍자하며 행진하고 있다. 1939. 2. 19

독일계 유대인에게 빗자루를 건네며 도로를 청소하라고 강
요하는 나치. 1939. 1. 27

한 무리의 유대인 청소년들이 대화를 나누며 폴란드 크라
쿠프의 유대인 구역을 걷고 있다. 1939년 이전

크리스탈 나흐트 직후 검거된 유대인들을 독일 경찰, SA,
SS 대원들이 호송하고 있다. 1938. 11. 10

크리스탈 나흐트 직후 검거된 유대인들을 독일 경찰, SA,
SS 대원들이 호송하고 있다. 1938. 11. 10

독일인들이 크리스탈 나흐트 동안에 파괴된 유대인 소유의
부서진 상점 앞을 지나가고 있다. 1938. 11. 10
▶ 크리스탈 나흐트 이후 체포를 피해 두 개의 여행용 가방
을 들고 한 유대인 여성이 집을 떠나고 있다. 1938. 11

단치히에서 연설중인 아돌프 히틀러. 그는 연설 때마다 아리아인의 우월성을 강조하면서 유대인을 비하하며 제거할 것을 강조하였다. 1939. 9

기차여행중인 아돌프 히틀러가 차창 밖을 내다보고 있다.
이 사진은 히틀러의 사진사로 불리는 하인리히 호프만이
촬영한 것이다. 그는 1932년 『아무도 모르는 히틀러의 모
습』이라는 제목으로 히틀러 사진집을 출간했고, 총통의 인
간적인 모습을 부각시켜 그의 개인 숭배와 영웅 신화에 새
로운 생명력을 불어넣었다. 1935. 5. 25
◀ 아돌프 히틀러가 지지자들의 환호를 받으며 연설하기
위해 단상에 오르고 있다. 단치히, 1939. 9

나치가 유대인 학생들의 대학 입학을 불허하자 폭동이 일
어났다. 폭동을 제압하기 위해 오스트리아 기마경찰이 비
엔나대학 앞에 출동하였다. 1938년경

유대인 행상들이 폴란드 크라쿠프의 스타라 시너고그(유대인 교회당) 앞 야외시장에서 물건을 팔고 있다. 1936

크라쿠프의 카지미에르즈 유대인 지구의 길가에서 유대인 랍비들이 모여 대화를 나누고 있다. 1936

유대인 공동묘지 벽의 반유대주의 구호에는 이렇게 쓰여
있다. '유대인들의 죽음만이 자를란트(독일 남서부의 주; 석
탄 산지)의 고통을 끝낼 것이다.' 1938. 11

독일군들이 폴란드 바르샤바 시내를 행진하고 있다. 독일군이 1939년 9월 1일 폴란드를 침공하면서 제2차 세계대전이 시작되었다. 거대한 죽음의 먹구름이 유럽에 몰아닥쳤다. 1939. 10. 5

2. 게토 The Ghetto

1939년 9월 1일 이후 독일군들이 폴란드를 굴욕적으로 점령했어요. 그들은 유대인의 턱수염과 구레나룻를 자르고 웃으며 때리고 조롱했습니다. 독일군이 우치 지역을 접수한 이후에 그곳에 철조망 울타리를 설치했습니다. 그들은 이 게토 지역으로 유대인들을 밀어넣었습니다. 우리는 5분이나 10분, 늦어도 30분 안에 집에서 나와야 했기 때문에 아무것도 챙겨 나오질 못했어요. - 샘 뱅크할터, 폴란드 우치 출신 아우슈비츠 생존자

1516년, 베니스 시당국은 시내에 유대인이 거주하는 마을을 건설하였는데, '게토(Ghetto)'라는 이름은 이 유대인 마을에서 비롯된 것이다. 16세기와 17세기 지방정부로부터 오스트리아 제국의 황제 카를 5세에 이르기까지 많은 정부가 프랑크푸르트, 로마, 프라하 등의 여러 도시에 이러한 유대인 구역의 설립을 명하였다.

제2차 세계대전중 게토란 나치가 유럽 도시 내 (제한된) 구역을 설정해 유대인들을 이곳에 모여 살게 한 곳을 말한다. 게토는 유대인을 전체 사회의 비유대인 주민뿐만 아니라 다른 지역 유대인 사회로부터도 분리하려는 의도에서 만들었다. 독일군은 폴란드 침공 한 달 뒤인 1939년 10월에 피오트루크 트리부날스키에 첫 게토를 설립한 이후 폴란드 내의 여러 지역과 소련에 적어도 1천여 곳의 게토를 지정하였다.

바르샤바 게토 입구에 장벽을 쌓고 있다. 1940. 9

나치는 게토 지정을 통하여 유대인들을 일시적으로 분리, 통치하고 궁극적으로는 베를린의 나치 정권이 유대인을 말살하고자 하는 계획을 실현하고자 했다. 그러므로 많은 게토들은 단지 일시적으로만 존재했을 뿐이었고 이곳의 유대인들은 순차적으로 수용소로 보내졌다. 어떤 게토는 실제로 단지 며칠 동안만 존재하였고, 다른 게토도 수개월에서 수년 동안만 존재하였다.

1941년 말, '최종 해결(유럽 내의 모든 유대인을 절멸하고자 하는 계획)'

독일 경비병의 감시 하에 강제 노역중인 게토의 유대인들.

음식물을 운반한 죄(?)로 독일군에 의해 연행되는 게토의 유대인들.

이 실행에 옮겨지자 독일은 게토를 체계적으로 폐쇄하기 시작했다. 독일과 그 부속국들은 게토의 주민들을 인근 공동묘지로 끌고 가 총살하거나 주로 기차를 이용하여 대량 학살 수용소로 이송하여 학살하였다. SS와 경찰 당국이 앞장서 게토 내 유대인들을 강제 노동 수용소나 집단 수용소로 끌고 갔다.

첫번째 게토 내 유대인 소개 작전이 시작되었습니다. 그들은 병원에 있는 환자와 어린이들을 먼저 이송시켰습니다. 총 6만 6천여 명의 유대인들이 트럭을 이용해 헤움노 강제수용소로 보내졌습니다. 그들을 일하러 보낸다고 했지만 게토에서 만난 가톨릭을 믿는 한 친구가 "앙리, 그들이 네 형제자매들을 헤움노에서 살해하고 있어"라고 말해주었습니다. 나는 나중에 그들의 소지품만 돌아오는 것을 보고 그들을 일하러 보낸 것이 아니라는 사실을 알았습니다. - 앙리 프라이어, 폴란드 우치 출신 아우슈비츠 강제수용소 생존자

악명 높았던 폴란드 헤움노 강제수용소에서 학살된 유대인, 집시 수는 약 15-20만 명 정도로 추산된다. 나머지 유대인들은 모두 아우슈비츠-비르케나우로 보내졌다. 필요한 노동력을 제외한 유대인들을 모두 학살한 뒤인 1943년 4월 나치는 헤움노 강제수용소 폐쇄를 결정한다.

나치는 게토 내의 유대인들에게 신분을 나타내는 배지와 완장을 차도록 하였고, 제3제국을 위한 강제 노동에 동원하였다. 게토에서의 일상생활은 나치가 선임한 유대인 의회(Judenraete)에 의하여 통제되었다. 유대인 의회 위원과 유대인 경찰은 수시로 내려오는 나치 당국의 명령에 충실히 따랐다. 이러한 명령에 따르지 않거나 저항하는 이들은 가차없이 처형되었다.

게토 내의 유대인들은 여러 다양한 방법을 동원해 게토의 엄격한 제한 규

크라쿠프 게토에서 추방되는 유대인들.

'다윗의 별'을 가슴에 단 헝가리 부다페스트 게토의 유대인 부부. 이들은 홀로코스트 기간중 사망했다.

칙에 저항하였다. 음식물이나 약품, 무기나 정보 등을 유대인 의회의 승인 없이 밀반입했다. 게토의 주민들이 생존하려면 이와 같은 생필품의 반입이 필수적이었기 때문에 일부 유대인 의회 의원들은 알면서도 이를 눈감아 주거나 은밀히 독려하기도 하였다.

일부 게토에서는 유대인 레지스탕스 단원들이 무장 봉기를 계획하기도 하였다. 이중 가장 큰 봉기는 1943년 봄에 발생한 폴란드 바르샤바 게토의 봉기였다. 바르샤바 게토에서는 약 40만 명 이상의 유대인들이 2제곱킬로미터의 구역에 모여 비참한 생활을 하고 있었다.

폴란드 크라쿠프 게토로 강제 이주하고 있는 유대인들이
가재도구를 마차에 싣고 비슬라강 다리를 건너가고 있다.
1940년경

독일군들이 크라쿠프 게토로 이주하고 있는 유대인들의 신분증명서를 확인하고 있다. 1940.

독일 경찰관이 크라쿠프 게토에 있는 유대인들을 검문하고
있다. 1941년경

철조망이 쳐진 우치 게토의 집시 수용소 입구. 1942년경

▶ 위, 우치 게토에 있는 빵집에서 일하고 있는 여성들.
1940-1944

아래, 우치 게토의 주민들이 유대인 사무실 앞에 줄을 서 있
다. 1940-1944

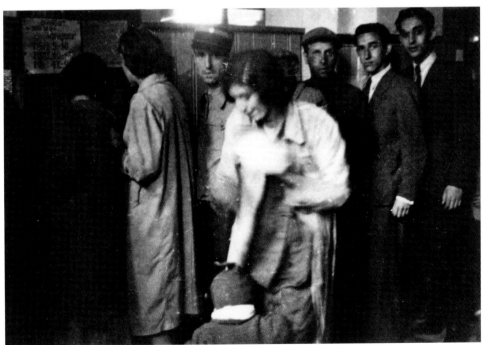

폴란드 우치 게토의 공동 주방에서 음식을 준비중인 유대
인 여성들.

한 유대인이 게토 사무실에서 신분증을 발급받기 위해 서
류를 작성하고 있다. 1940

유대인 완장을 차고 트럭 적재함에서 석탄을 삽으로 퍼내
리는 크라쿠프 게토의 유대인 남성들. 1940-1941

독일 경찰과 군인이 폴란드 크라쿠프 거리에서 유대인의
신분증을 확인하고 있다. 1940

독일군들이 크라구예바츠 게토의 유대인들을 처형하기 위
해 호송하고 있다. 1941. 10

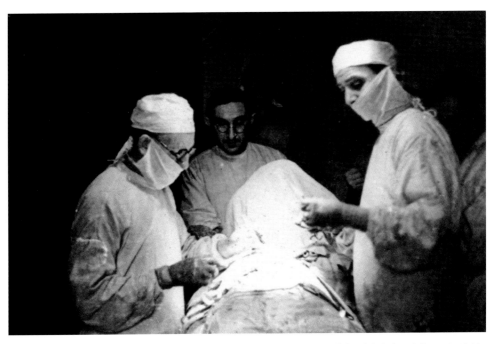

우치 게토 병원에서 의사들이 수술하고 있다. 1940-1944
◀ 위-아래, 헝가리 비밀경찰이 부다페스트에서 유대인 저
항세력의 한 명인 로베르트 맨델을 체포해 연행하고 있다.
1944. 12

크라쿠프 게토의 유대인 어린이들. 1939. 11. 15

게토의 유대인 남성들이 독일군 군수열차에 화물을 싣는 노역을 하고 있다. 1941. 7. 3

유대인들이 이아시 경찰본부 구내의 포장도로를 손으로 청
소하고 있다. 어떤 경우에는 도로를 솔질해 청소하라는 명
령이 떨어지기도 했다. 1941. 6. 29

유대인들이 독일군의 지시에 따라 소지품을 게토로 옮기고 있다. 1941~1942년경

유대인들이 크라쿠프 게토에 있는 유대인평의회 사무실에
서 신분증명서와 노동허가서를 발급받고 있다. 1941년경
▶ 위, 크라쿠프 게토 길모퉁이에 서 있는 유대인들. 1941
아래, 유대인들이 게토 사무실 밖에서 아파트를 등록하기
위해 줄을 서서 기다리고 있다. 1940년경

다윗의 별 완장을 찬 유대인들이 크라쿠프 시내의 도로에
서 제설작업을 하고 있다. 1940년경

바르샤바 게토의 아이들. 신발을 신고 다니는 아이들을 찾아보기 힘들었다. 1941 사진: Heinrich Jöst
◀ 위-아래, 게토 내 생활이 계속될수록 유대인들은 생활고에 시달렸다. 음식을 구하기 위해서는 가지고 있던 귀중품이나 생활용품을 내다 팔아야 했다.

바르샤바 게토의 한 유대인 소년이 땅콩 몇 알을 의자 위에 올려 놓고 행상을 하고 있다. 이 사진과 왼쪽의 사진은 독일군의 바르샤바 점령시 복무했던 독일인 사진가 윌리 게오르그(Willy Georg)가 1941년 여름 게토 내에 들어가 라이카 카메라로 촬영한 것이다.

◀ 다윗의 별 완장을 차고 있는 바르샤바 게토의 유대인 여인. 이 완장은 구입하거나 직접 만들어 찼다. 1941

게토 내 사망자들의 시신은 나날이 늘어만 갔다. 이 사진
을 찍은 하인리히 요스트(Heinrich Jöst)는 독일군 상사로
1941년 9월 생일을 맞아 외출차 방문한 바르샤바에서 호
기심에 게토로 들어가 사진을 찍었다.

게토 내 사망자들의 시신은 수레를 비우고 오면 금세 또 찼
다. 1941. 9 사진: Heinrich Jöst

시신을 실은 손수레가 쉴 새 없이 게토와 공동묘지 사이를
를 오갔다.

게토 내 사망자들의 시신은 공동묘지 내 집단 무덤에 버리
듯이 안장되었다. 1941. 9 사진: Heinrich Jöst

나치는 우크라이나 리보프(현재는 리비프 Lviv 시) 게토 유덴라트(리보프 유대인 거주 지역 유대인위원회, Lwow Ghetto Judenrat) 멤버들을 교수형으로 처형했다. 리보프 일대는 제2차 세계대전 이전에는 폴란드에 속해 있었다. 당시에는 리보프(Lwow)로 불렸고 바르샤바와 우치에 이어서 세 번째로 유대인들이 많이 사는 도시였으며, 유대인들은 상업, 제조업에 종사하거나 장인들이 많았다. 1942

바르샤바 게토 봉기

우리의 슬로건은 이것이다. '우리는 인간답게 죽을 준비가 돼 있다'
- 모르데하이 아니엘레비치(Mordechaj Anielewicz)

나치 독일은 폴란드를 점령하자마자 각지에 유대인을 수용하는 게토를 만들었다. 좁은 지역에 과밀수용되어 봉쇄된 게토의 상황은 매우 열악하였고, 게토 내의 유대인들은 질병과 식량부족, 물자부족, 강제 노동에 시달렸다. 기아와 질병으로 사망한 수많은 유대인들의 시신이 매일 수레에 실려 나갔다. 게다가 독일군들은 게토의 유대인들을 끌어다 강제 노동을 시키거나 학살해 매장해 버리곤 했다. 게토는 유대인들을 강제수용소와 죽음으로 내몰기 위한 전초기지였던 것이다.

유대인들이 이러한 나치 독일의 만행에 무저항으로 일관한 것은 아니다. 그들은 나치 독일에 대항해 곳곳에서 무장투쟁을 벌였다. 그들은 밀반입한 무기나 사제 무기로 무장하고 저항세력을 조직해 싸웠다. 1941년부터 1943년 사이에 약 100여 개의 지하조직이 산발적으로 저항운동을 벌였다. 바르샤바 게토 봉기는 그중 가장 규모가 크고 널리 알려진 무장투쟁이다.

1942년 여름, 약 30만 명의 유대인들이 바르샤바에서 100킬로미터 떨어진 트레블링카 강제수용소로 이송되었다. 이 학살 수용소에서 발생한 대량 학살 소식이 잇따라 바르샤바 게토로 흘러들어 오자 청년들 중심으로 Z.O.B.(폴란드어로 Zydowska Organizacja Bojowa: 유대인 투쟁 조직)라는 조직을 결성했다. 23세의 모르데하이 아니엘레비치가 이끄는 Z.O.B.는 유대인들에게 수송 기차를 타지 말고 저항할 것을 요구하는 성명서를 발표했다.

1943년 1월 9일, 하인리히 힘러가 바르샤바 게토를 방문하여 유대인들을 이송할 것을 명령했다. 유대인 저항군은 이 명령에 반발하여 게릴라전으로 저항하였고 몇몇 독일군을 살해하였다. 게토 내부에 독일군이 진입하는 것

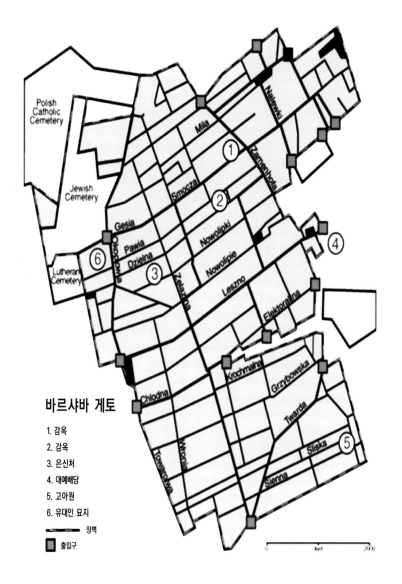

바르샤바 게토

1. 감옥
2. 감옥
3. 은신처
4. 대예배당
5. 고아원
6. 유대인 묘지

━━ 장벽
■ 출입구

은 위험한 일이었기 때문에 이송 작전은 도중에 중지되었다. 수일 후 독일군
은 퇴각했다. 이 작은 승리는 저항군들에게 앞으로 저항운동을 계속해 나갈
수 있는 자신감을 주었다.

1943년 4월 18일, 다시 무력으로 게토를 진압하고 이송 작전을 개시한다
는 정보가 전해졌다. 즉시 게토의 전 주민들에게 경보가 전파되고, 지하 벙커

에서는 전투 준비가 시작되었다. 하인리히 힘러는 히틀러의 생일인 4월 20일을 기념하여 무력으로 게토를 소탕하기로 결정했다. 4월 19일은 유대인이 이집트에서 노예생활에서 해방된 것을 기념하는 유월절의 첫날이기도 했다.

4월 19일 새벽 3시, 2천여 명의 무장 친위대가 게토를 포위했다. 그러나 이 부대의 전력은 그리 대단치 않아서-훈련이 부족하고 부상에서 회복된 지 얼마 안 된 대원들로 구성-독일군 폴란드 총독부 휘하 폴란드 경찰과 소방대도 차출 동원되었다.

오전 6시경에 무장 친위대가 게토로 침입을 시작했다. 유대인 저항군들은 화염병으로 전차를 공격하고, 무장 친위대 대원들을 향해 발포했다. 별다른 저항이 없을 것이라고 자만해 있던 독일군은 의외의 격렬한 저항에 부딪쳐 7시 30분쯤 후퇴하였다. 하인리히 힘러는 책임을 물어 8시에 지휘관을 전격 교체하였다. 그리고 그는 "바르샤바 게토에서의 사냥은 가차 없는 결단력과 냉혹한 방법으로 실시하라. 공격은 강력할수록 좋다. 이 최근의 사례는 유대인이 어떻게 위험한지를 보여준다"는 명령을 내렸다. 그러나 유대인들의 격렬한 저항 끝에 오후 5시 독일군은 전차 1대와 장갑차 1대를 잃고, 게토에서 철수하여 이날 전투는 저항군의 승리로 종료되었다.

4월 20일, 바르샤바 야전군 사령관 프리츠 로숨 소장의 증원부대가 도착했다. 독일군은 저항군의 게릴라전에 맞서서 방화 전술을 실행했다. 게토에 불을 질러서 건물 안에 숨어 있는 유대인들을 태워 죽이거나 건물 밖으로 내모는 작전이었다. 독일군은 화염방사기를 가지고 게토 내에 진입하였다. 동시에 국방군이 보유한 고사포와 박격포로 무지막지한 포격을 퍼부었다. 게토의 여러 지역이 불타올랐고, 전기와 가스의 공급이 완전히 차단되었다. 물이 없어서 진화는 생각할 수도 없었다. 저항군들은 건물 내 진지를 포기하고 지하 벙커로 철수하였다.

봉기 개시 2주째부터는 지하 벙커를 중심으로 저항하였다. 독일군은 벙커를 하나하나 발견해 수류탄과 최루탄을 던져넣어 저항군을 소탕했다. 숨어 있던 게토 주민들 역시 전투에 휘말려 무너지는 건물에 깔려 죽거나 총격으로 사망했다. 게토의 하수도로 탈출을 시도하는 유대인도 있었지만, 독일군은 하수도를 폭파하여 저지했다.

　게토 저항군은 중무장하고 잘 훈련된 독일군에 대항해 용감하게 싸웠다. 그들은 1개월 가까이 전투를 지속했지만, 1943년 5월 16일, 독일군의 막강한 화력 앞에 무장 봉기는 진압되었다. 독일군은 체포한 5만 6천여 명 이상의 유대인 중에서 7천여 명을 총살하였고, 나머지 주민들은 열차에 실어 수용소로 보냈다. 저항군 중 일부는 게토를 성공적으로 빠져나가 바르샤바 주변의 삼림에 있던 레지스탕스 조직에 합류했다. 바르샤바 봉기 진행중 폴란드의 한 지하세력이 발행하는 신문에는 다음과 같은 투고가 게재되었다.

불씨가 아직 남아 곳곳에서 피어오르는 연기와 폐허의 잔해는 아직도 코를 매캐하게 한다. 유대인과 독일군의 시신이 길가에 한데 나뒹굴고 있다. 유대인들이 독일군 군복을 입고 있기 때문에 그들을 구별하는 것은 쉽지가 않다. 유대인 그룹의 리더에 의하면 여자와 어린이들은 특수 지하 벙커로 피신시켰다고 한다. 게토 내 지하 벙커들은 거미줄처럼 서로 연결돼 있다. 하수도는 이들과 바깥세상을 연결해 주는 유일한 연결통로이다. 이러한 사실을 인지한 경찰은 여러 날 전부터 하수구를 주시하고 있다. 식량과 탄약은 이 하수도를 통해 유대인들에게 공급된다. 유대인들은 항복할 경우에 대비해 그곳에 전투원들을 위한 은신처를 따로 마련해 놓았다. 방어를 위해 유대인들은 모든 건물의 계단을 허물어버렸다. 전투요원들은 지붕이나 다락방에 숨어 있다. 그들은 비상시 집에서 탈출할 수 있는 사다리와 밧줄을 준비해 놓았다. 만반의 준비를 갖춘 유대인들과 싸우는 것은 매우 어려운 일이었으며 독일군들은 골머리가 아팠다. 게토를 사수하기 위해서는 집집마다 탄약을 비치하고 있어야 했다. 이를 위해 모든 이들이 고군분투했으며 많은 희생자가 나왔다. 모든 것-주민들과 그들의 집 그리고 그들의 무기)을 부숴버리기 위해서는 불이 필요했다. 봉기의 보금자리를 파괴하기 위해 독일군들은 불을 질렀다. (*Polska*, 1943. 4. 29)

바르샤바 게토 입구. 게토의 두 지역을 연결한 육교가 보인
다. 1942년경

유대인들이 바르샤바 게토 내에 있는 광장에 모여 있다.
1941년경

많은 유대인들이 바르샤바 게토의 한 거리에 몰려나와 있다. 1941년경 사진: Tomasz Praznowski

바르샤바 게토의 유대인들이 배급소에서 수프를 배급받기
위해 차례를 기다리고 있다. 1941

독일 경찰관이 바르샤바 게토에서 자전거를 끌고 가던 유대인을 세워 신분증을 확인하고 있다. 1940-1941

바르샤바 게토 봉기의 진압작전중 독일군들이 게토 건물에
불을 질러 화염이 솟아오르고 있다. 1943. 4

바르샤바 게토 봉기 진압작전중 SS 친위대원들이 불타고
있는 한 구역을 순찰하고 있다. 1943. 4

독일군들이 대포로 바르샤바 게토의 건물들을 파괴하고 있
다. 1943. 4

중무장한 SS와 SD 경비대의 호위를 받는 지휘관 유르겐 슈트룹 SS 소령(가운데)이 불타고 있는 건물을 바라보고 있다. 1943. 4

독일군에 의해 파괴된 바르샤바 게토. 1943. 4-5

독일군의 포격으로 폐허가 된 바르샤바 게토. 1943. 4-5

독일군의 포격으로 초토화된 바르샤바 게토. 1943

바르샤바 게토 봉기 당시 유대인 저항군이 사용했던 지하
벙커. 1943. 4. 19-5. 16

지하 벙커 바닥의 은신처에서 모습을 드러낸 한 유대인 저
항군. 1943. 4

한 독일군 병사가 바르샤바 게토 봉기의 진압
과정에서 체포한 유대인 저항군을 벙커에서
끌어내 연행하려 하고 있다. 1943. 4-5

한 SS 장교가 바르샤바 게토 봉기 진압 과정에서 체포한
유대인 저항군들을 지하 벙커에서 끌어내 심문하고 있다.
1943. 4-5

총을 든 두 독일군이 진압 과정에서 살해된 건물 입구의 유
대인들의 시신을 바라보고 있다. 1943. 4. 19~5. 16
◀ 한 독일군이 포격으로 폐허가 된 바르샤바 게토를 바라
보며 서 있다. 1943. 4

독일군에게 항복한 게토의 유대인들이 건물에서 걸어 나오
고 있다. 1943. 4

독일군들이 바르샤바 게토 봉기 진압작전중 체포한
유대인들을 연행하고 있다. 1943. 4-5

바르샤바 게토에서 추방되는 유대인들. 이들은 강제수용소
로 보내져 처형되거나 강제 노동에 처해졌다. 1943

바르샤바 게토에서 추방되는 유대인들. 1943

바르샤바 게토 봉기 진압 과정에서 SS 친위대에 붙잡힌 유대인들이 몸수색을 받기 위해 벽을 보며 줄지어 서 있다. 1943. 4

바르샤바 게토 봉기 진압작전중에 붙잡힌 유대인들이 SS
의 감시하에 연행되고 있다. 1943. 4-5

SS와 독일군 장교들이 진압작전중 사후처리 문제를 놓고
의견을 나누고 있다. 1943. 4

SS 친위대원들이 바르샤바 게토 봉기 진압 20일째 되던 날
체포한 유대인들에게 지하 벙커 입구를 파낼 것을 지시하
고 있다. 1943. 4

바르샤바 게토 봉기 진압작전중 독일군에 붙잡힌 유대인
랍비들. 1943. 4

SS 친위대원이 바르샤바 게토 봉기 진압작전에서 체포한
유대인 저항군들을 연행하고 있다. 1943. 4

나치 친위대 SS가 바르샤바 게토 봉기 진압작전 개시와 함께 브라우어 군수공장의 유대인 부서장들을 먼저 체포해 심문하고 있다. 1943

SS 대원들이 바르샤바 게토 봉기 진압작전에서 체포한 유대인들을 감시하고 있다. 1943

독일군들이 바르샤바 게토 봉기 진압작전중 체포한 유대인
들을 연행하고 있다. 1943

바르샤바 게토 봉기 진압작전중 붙잡힌 유대인들이 강제수
용소를 향해 이동하고 있다. 1943

바르샤바 게토 봉기 진압작전중 붙잡힌 유대인들이 강제수
용소를 향해 이동하고 있다. 1943

3. 추방 Deportation

저는 남자와 여자 그리고 아이들이 포함된 시골 출신의 유대인들과 8-10시간 동안 걸어서 어느 조그만 역에 도착했습니다. 아무도 우리가 어디로 가는지 말해주지 않았어요. 우리는 정어리처럼 객차 한 량에 100-120명씩 실려졌고, 그곳에는 음식도 물도 아무런 위생시설도 없었어요. 차량은 밀폐되어 있었고, 우리는 기차가 움직이기 전까지 반나절 동안이나 꼬박 제자리에 서서 기다려야 했습니다. 마침내 그 어딘지 모를 곳을 향해 기차가 서서히 움직이기 시작했어요. 아이들과 노인들도 있었는데 차츰 앓기 시작하거나 죽고 어떤 이들은 정신착란을 일으켰어요. 그곳은 정말 지옥 같았습니다. 몇날 며칠을 어떻게 그 바퀴 위의 지옥에 있었는지 모르겠어요. - 프레드 바롱, 오스트리아 비엔나 출신 베르겐-벨젠 강제수용소 생존자

1942년 1월에 열린 베를린의 반제 회의(Wannsee Conference)에서 SS(나치 친위대)와 독일 정부 각료들은 유대인을 절멸하는 '최종 해결(The Final Solution)'책을 가결하였다. 이는 독일이 당시 점령하지 않은 지역인 아일랜드, 스웨덴, 터키 그리고 영국 등지에 거주하고 있는 유대인을 포함하여 총 1,100만 명에 달하는 유럽의 유대인을 절멸하려는 계획이었다.

독일과 독일군 점령지로부터 유대인들은 철도를 이용하여 폴란드 내 독일 점령지의 강제수용소로 이송되어 죽임을 당하였다. 나치 독일은 자신들의 의도를 은폐하고자 이러한 대규모 수송을 '동부로의 재정착'이라고 둘러

반제 회의가 열린 베를린 근교 반제의 별장. 1942년 1월 20일 이곳에서 국가보안본부 본부장 라인하르트 하이드리히 주재 하에 군지휘관과 각 행정부처의 수뇌부가 모여 비밀리에 진행한 이날의 반제 회의에서 유대인 문제에 대한 최종 해결(Endlösung der Judenfrage)의 방향을 절멸(Vernichtung)로 확정했다.

대었다. 희생자들은 자신들이 강제 노동 수용소로 이송된다는 소문을 들었지만 실상은 1942년부터 진행된 대부분의 유대인 이송은 집단학살 수용소로 이송하여 처형하기 위한 것이었다.

유대인들의 추방과 이송에는 당시 실핏줄처럼 연결되어 있었던 유럽 철도가 큰 역할을 하였다. 나치 독일 철도 관계자들은 화차와 객차 모두를 이송작전에 이용했다. 나치 독일 당국은 추방자들에게 이송 기간중 필요한 음식과 물을 전혀 제공하지 않았다. 심지어는 다른 열차가 통과할 때까지 대기 선로에서 수일간씩 기다려야 하는 경우에도 음식과 물을 제공하지 않았다. 화

추방된 유대인들이 체코의 어느 역에서 열차를 기다리고 있다. 1942. 3

차에 빽빽하게 실려서 과밀 상태로 이송된 추방자들은 여름에는 극심한 고열을, 겨울에는 살을 에는 추위에 떨어야 했다. 대소변을 받아내는 양동이 하나만 제외하면 어떠한 위생 시설도 없었다. 추방자들의 극도의 수치와 고통에 대소변의 악취가 더해졌다. 음식과 물이 부족했기 때문에 많은 수의 추방자들이 열차가 목적지에 도달하기 전에 사망했다. 사망한 이들은 선로가에 버려졌다. 탈출을 시도하는 이들은 총살하도록 명령을 받은 무장경찰 경비대가 수송에 동행했다. 기차를 이용할 수 없는 짧은 거리인 경우에는 트럭을 이용하거나 도보로 유대인들을 강제수용소로 이송하였다.

1944년 8월과 9월 아침 일찍부터 밤 늦은 시간까지 SS와 군인, 경찰 들은 가가호호를 수색해서 숨어 있던 사람들을 찾아냈습니다. 몇몇 사람들은 숨지도 않았는데 굶주려 있었던 그들이 자발적으로 나가면 빵 한 덩어리를 주었기 때문이죠. 어떤 사람들은 길거리에서 바로 체포되었습니다. 내 급우 한 명은 어머니와 작별인사를 할 기회조차 없었어요. 우리는 아빠의 사무실에 숨어 있었어요. 그런데 사무실 실장님 아이가 우는 바람에 발각되었어요. 그들은 우리를 창고로 데려갔어요. 당시 게토를 책임지고 있던 독일인 사령관(전후 그는 폴란드인들에게 붙잡혀 교수형에 처해졌어요.)이 코트를 들춰 보이며 말했습니다. "자! 보시오. 나는 권총을 차고 있지 않습니다. 지금까지 나는 당신들의 친구였습니다. 진격해 오는 소련군으로부터 당신들을 보호하기 위해 우리는 당신들을 재정착시키려고 합니다."

우리는 '재정착'이라는 말이 두려웠습니다. 다시 돌아오기 힘든 곳으로 보내진 사람들이 가혹한 매질과 고문 그리고 굶주림으로 뼈만 남게 된다는 사실을 우리는 알고 있었습니다. 그렇지만 우리는 정말 강제수용소에 대해서 아는 것

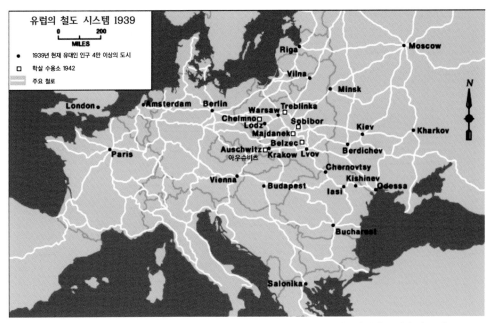

1939년 유럽의 철도 시스템. 실핏줄처럼 연결된 유럽의 철도 시스템은 나치의 유대인 '최종 해결' 구현에 중요한 역할을 했다. 독일과 독일이 점령한 유럽 각지에서 온 유대인들은 철도를 통해 강제수용소로 추방되었고, 그곳에서 학살되거나 강제 노동에 처해졌다. 그림: USHMM

반유대주의는 19세기 동유럽에 만연해 있었다. 이 그림은 1885년 오토만제국이 불가리아에 합병되자 루멜리아 지방에서 추방되는 유대인 가족의 모습을 묘사한 것이다.

폴란드 우치 게토에서 그들을 죽음의 수용소 아우슈비츠로 수송할 기차가 대기하고 있는 역으로 이동중인 유대인들. 1942

이 별로 없었습니다. 그들은 우리를 화차로 밀어넣었습니다. 누군가가 소금 사이에 끼워놓은 종이 조각을 발견하고 큰소리로 읽기 시작했습니다. "형제들이여! 스스로를 보호하라. 죽음이 너희들을 기다리고 있다." 그렇지만 우린 너무 늦었어요. - 펠리시아 바인가르텐, 폴란드 우치 출신 아우슈비츠 강제수용소 생존자

1942년 3월부터 1943년 11월까지 SS와 독일 경찰은 주로 열차를 통해 약 152만 6천 명의 유대인들을 학살 수용소인 베르제크, 소비부르 및 트레블링카로 이송했다. 1941년 12월 8일부터 1943년 3월까지, 그리고 1944년 6월과 7월에 또다시 SS와 독일 경찰은 열차, 트럭 및 도보를 통해 약 15만 6천 명의 유대인들과 수천 명의 로마니 및 산티족을 폴란드 헤움노 학살 수용소로 이송했다. 1941년에 건립한 헤움노 수용소는 나치 최초의 절멸 수용소로, 수용소 중에서 가장 먼저 산업화된 학살을 시행해 다른 수용소들이 앞다퉈 벤치마킹한 수용소다. 1943년 4월까지 학살을 계속하다 잠시 폐쇄된 뒤 1944년 6월부터 소련군 당도 직전까지 다시 학살을 재개했고, 최종적으로 15만-20만 명이 이곳에서 학살되었다.

또한 1942년 3월부터 1944년 12월까지, 독일 당국은 약 110만 명의 유대인들과 2만 3천 명의 로마니 및 산티족을 대부분 열차를 통해 아우슈비츠-비르케나우로 이송했다. 이곳으로 이송된 유대인들 중 도착 직후 강제 노동으로 선별된 덕분에 10만 명 정도가 살아남은 것으로 추산된다.

독일 바이에른주의 도시 키칭엔에서 추방조치가 진행되는
동안 두 명의 유대인 노인이 마차를 타고 집결소에 도착하
고 있다. 1942. 3. 2

독일 바이에른주의 도시 키칭엔(Kitzingen)에서 추방조치
가 진행되는 동안 현지 독일인들(왼쪽)이 집결소에 도착한
유대인들을 바라보며 웃고 있다. 1942. 3. 2

폴란드 헤움노 강제수용소로 추방되는 어린아이를 안고 보따리를 든 여성과 소지품을 가득 든 유대인 여성들이 집결지를 향해 우치 게토의 한 거리를 걸어가고 있다. 1940년 경

한 독일 관리가 폴란드 크라쿠프 게토에서 유대인 추방 조치를 감독하고 있다. 보따리를 메고 뜰에 모인 유대인들이 다음 명령을 기다리고 있다. 1942년경

집결지에 모인 유대인들이 다음 추방 명령을 기다리고 있다. 크라쿠프, 1941–1942년경

강제 추방되는 크라쿠프 게토 출신의 유대인들이 트럭에 탑승하고 있다. 1942

유대인 추방자들이 개인 소지품을 들고 나치의 인도 하에 힌덴부르크스트라세를 따라 시내를 행진해 기차역으로 가고 있다. 독일 뮌헨, 1942. 4. 25

개인 소지품을 들고 기차역으로 가고 있는 유대인 행렬. 독
일 뮌헨, 1942. 4. 25

개인 소지품을 들고 기차역으로 가고 있는 유대인 행렬. 독
일 뮌헨, 1942. 4. 25

개인 소지품을 들고 기차역으로 가고 있는 유대인 행렬. 독
일 뮌헨, 1942. 4. 25

개인 소지품을 들고 기차역으로 가고 있는 유대인 행렬. 독
일 뮌헨, 1942. 4. 25

개인 소지품을 들고 기차역으로 가고 있는 유대인 행렬. 독일 뮌헨, 1942. 4. 25

개인 소지품을 들고 기차역으로 가고 있는 유대인 행렬. 독일 뮌헨, 1942. 4. 25

개인 소지품을 들고 기차역으로 가고 있는 유대인 행렬. 독일 뮌헨, 1942. 4. 25

크라쿠푸에서 추방되는 유대인 가족. 1941년경

크라쿠프 게토로부터 추방당하는 한 유대인 가족이 플랫폼으로 계단을 오르고 있다. 1941

SS 경비원이 폴란드 크라쿠프 게토에서 추방되는 유대인들의 열차 탑승을 감시하고 있다. 1941-1942

4. 강제수용소 Concentration Camp

우리는 남녀로 나뉘어 다섯 줄로 섰습니다. 내 앞에 우아한 군복을 입은 장교
가 서 있었습니다. 그는 부츠를 신고 있었고 흰 장갑을 낀 손에는 승마용 채찍
을 쥐고 왼쪽 오른쪽, 오른쪽 왼쪽을 가리켰습니다. 그가 지시하는 방향을 따
라 경비병들은 사람들을 왼쪽이나 오른쪽으로 밀어붙였어요. 21살인 나는 몸
집이 좋았는데 나이 든 사람들은 나와 다른 방향으로 행진해 사라져 갔습니다.
우리는 신발을 제외하고 모든 옷을 벗고 모든 휴대품을 내려놓아야 했습니다.
곧 차가운 샤워장으로 쫓겨 들어갔어요. 그리고 밤공기에 덜덜 떨면서 막사까
지 행진했습니다. 죄수복과 금속접시 하나를 지급받았어요. 우리는 무슨 일이
일어날지 알 수가 없었어요. 우리 모두는 정말 정신이 얼얼했습니다. - 프레드
바롱, 오스트리아 비엔나 출신 베르겐-벨젠 강제수용소 생존자

1933년부터 1945년까지 나치 독일은 수백만의 희생자를 수용하기 위하여
약 2만 개소의 수용소를 건설하였다. 이러한 수용소들은 강제 노동 수용소,
죄수들을 임시로 수용하는 임시 수용소 그리고 대량 학살을 일차 목적으로
하거나 대량 학살만을 위하여 지어진 집단학살 수용소 등 여러 가지 목적으
로 사용되었다.

　나치의 영향력이 높아지기 시작한 1933년부터 나치 정권은 소위 '제국의
적들'을 감금하고 제거하기 위한 일련의 수용 시설을 건설하기 시작했다. 초
기 집단 수용소의 죄수들은 대부분이 독일 공산주의자, 사회주의자, 사회민
주주의자, 로마니(집시), 여호와의증인 신자, 동성애자 그리고 '반사회적' 인

물로 낙인찍힌 자들이나 반사회적 행동을 한 사람들이었다. 수감자들은 물리적으로 한 장소에 '집단적으로' 모여 있어야 했으므로 이러한 시설들은 처음에 '집단 수용소'라고 불려졌다.

1938년 독일과 오스트리아가 합병된 뒤, 나치는 독일과 오스트리아의 유대인을 체포하여 다하우, 부헨발트 그리고 작센하우젠 집단 수용소로 이송하였다. 이 수용소들은 모두 독일 내에 위치해 있었다. 1938년 11월, 크리스탈 나하트("산산조각난 유리의 밤") 대박해 이후, 나치는 남자 유대인을 다수 체포하여 단기간 동안 집단 수용소에 감금하였다.

다하우 강제수용소 항공사진. 1940-1945

1939년 9월, 독일의 폴란드 침공 이후, 나치는 강제 노동 수용소를 만들기 시작했는데 이 강제 노동 수용소에서 수천 명의 죄수들이 피로와 기아, 그리고 일사병으로 사망하였다. 수용소 경비는 SS 친위대가 담당하였다.

제2차 세계대전 기간 동안, 나치의 수용소 시스템은 매우 빠르게 확산되었다. 나치의 강제수용소(Konzentrationslager, KZ 또는 KL)는 강제 노동 및 대량 학살을 위하여 독일 국내 및 유럽 점령지에 설치하고 운영한 수용소이다. 어떤 수용소에서는 나치 의사들이 수감자들을 대상으로 생체실험을 자행하기도 하였다.

> 우리는 지하에 있는 벙커에서 일했습니다. 지상은 적이 공장이라는 것을 알지 못하게 공원으로 잘 가꾸어 위장해 놓았고 항상 음악이 흐르고 있었죠. 우리는 군인들처럼 새벽 4시에 일어나 다섯 줄로 수 킬로미터를 걸어 공장으로 갔습니다. 독일 여군 경비병과 커다란 세퍼드 여러 마리가 양쪽에서 우리를 지키고 있었죠. 우리는 어두울 때 나가서 어두울 때 돌아왔습니다. 그래서 항상 잠이 부족했습니다. - 세바 슈어, 폴란드 출신 베르겐-벨젠 강제수용소 생존자

> 음식은 사람이 살아가는 데 있어 필수불가결한 요소죠. 아침에 우리는 그들이 커피라 부르는 것을 받았는데 그것은 단지 검정 물일 뿐이었어요. 정오까지 일을 하면 죽 한 사발을 점심으로 받아 먹었습니다. 저녁에는 채소나 스프 그리고 약간의 빵조각이 든 사발을 받았고, 가끔은 마가린이나 설탕 혹은 소시지 종류가 아주 적은 양 나왔습니다. 그것이 우리가 하루 동안 먹는 음식이었어요. - 프레드 바롱, 오스트리아 비엔나 출신 베르겐-벨젠 강제수용소 생존자

1941년 6월, 독일의 소련 침공 후, 나치는 전쟁포로(Prisoner-of-War, POW) 수용소를 증가시켰다. 일부 새로운 수용소는 아우슈비츠 같은 폴란드 점령 지역의 기존 집단 수용소 부지에 세워졌다. 후일 마이다네크 강제수용소로 알려진 루블린의 수용소는 1941년 가을에 전쟁포로 수용소로 지어졌으나 1943년에 강제수용소로 사용되었다. 수천 명의 소련군 전쟁포로들이

여기에서 총살되거나 가스로 사망하였다.

'최종 해결(민족 절멸 또는 유대인의 대량 학살)'을 촉진하기 위하여 나치는 유대인 인구가 가장 많았던 폴란드에 집단학살 수용소를 설립하였다. 이 수용소는 대량 학살을 효과적으로 진행하기 위하여 고안되었다. 최초의 집단학살 수용소인 헤움노(Chelmno) 강제수용소는 1941년 12월에 처음 문을 열었다. 다수의 유대인과 로마니들이 그곳의 이동식 가스차 안에서 학살당하였다. 1942년 나치는 폴란드 총독관구 내의 유대인을 조직적이고 산업적으로 학살하기 위하여 여러 곳에 강제수용소를 건립하기 시작한다.

홀로코스트의 상징 아우슈비츠

우리는 그들이 시키는 대로 해야 했습니다. 선택의 여지가 없었죠. 저는 11개월 동안 화장장에서 일했어요. 멩겔레 박사가 아이들을 인체 실험하는 것을 보았습니다. 나중에 그 아이들은 식물인간이 되었어요. 부헨발트에서는 호스와 조절기를 든 수용소 소장 부인인 일사 코흐가 한 여성의 배에 구멍이 나도록 압력을 가하고 있는 것도 보았어요. 결국 그들은 그리스 여성을 산산조각내고 말았어요. 플로센버그 수용소에 두 주간 있을 때는 총살된 소련군 전쟁포로 2만 5천 명의 시신을 우리가 통나무 위에 올려놓고 태워버렸습니다. 매일 교수형과 총살이 집행되어 화장장 냄새가 천지를 진동하고 소각로 연기가 멈추질 않았습니다. - 샘 뱅크할터, 폴란드 우치 출신의 아우슈비츠 생존자

아우슈비츠 강제수용소는 나치 제국이 건설한 수용소 중 가장 큰 규모의 수용소였다. 모두 세 군데의 주요 수용소(제1-3수용소)가 있었는데, 이들 수용소는 수감자들에게 강제 노동을 시키는 곳이었다. 이중 한 군데는 집단학살 수용소로서 최후까지 존재하였다. 아우슈비츠 강제수용소는 크라쿠프에서 서쪽으로 약 60킬로미터 떨어진 곳에 위치하고 있는데, 전쟁 전 독일-폴란드 접경 지역인 북부 실레지아와 가까운 곳으로 1939년 나치가 폴란드를

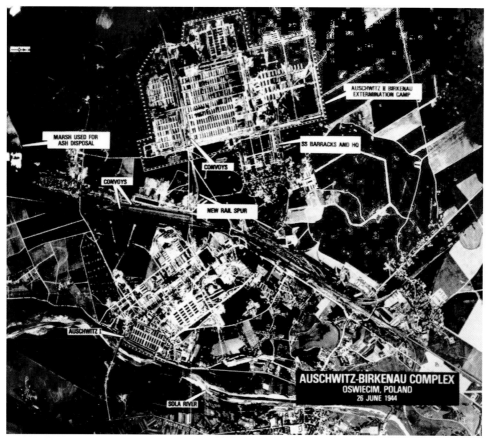

위, 아우슈비츠 강제수용소 항공사진. 1944. 6. 26
아래, 아우슈비츠 수감자 개인신상 카드. 다양한 국적
의 유대인들이 유럽 전역에서 이곳으로 끌려온 사실을
알 수 있다.

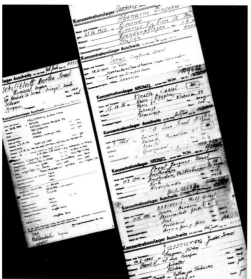

아우슈비츠로 들어가는 철로 위에 수감자들의 휴대품이 흩어져 있다. 1945

점령한 후 나치 독일 부속령이 된 지역이다. SS 친위대는 오슈비엥침이라는 폴란드 도시 부근에 세 개의 주요 수용소를 설립하는데, 1940년 5월에는 아우슈비츠 제1호가, 1942년 초에는 아우슈비츠 제2호(아우슈비츠-비르케나우)가, 그리고 1942년 10월에는 아우슈비츠 제3호(아우슈비츠-모노비츠)가 세워졌다.

아우슈비츠로 수송된 유대인의 총수는 약 110만에 이른다. 이외에 SS와 경찰 당국은 약 20만 명의 다른 희생자들을 아우슈비츠로 이송하였다. 이중에는 14만 명에서 15만 명에 달하는 비유대계 폴란드인, 2만 3천 명의 로마니와 신티(집시들), 1만 5천 명의 소련 전쟁포로 그리고 기타(소련인, 리투아니아인, 체코인, 프랑스인, 유고슬라비아인, 독일인, 오스트리아인 그리고 이탈리아인 등) 2만 5천 명도 포함되어 있었다.

1941년 여름, 수용소 사령관 루돌프 회스는 유태인들을 몰살할 준비를 하

아우슈비츠 정문에 아직 남아 있는 구호. "노동이 너희를 자유케 하리라 Arbeit Macht Frei" 이 사진은 근래에 찍은 것이다.

라는 하인리히 힘러의 다음과 같은 구두 명령을 받는다.

> 총통께서 유대인 문제의 최종 해결을 명령하셨다. 우리 친위대는 이 명령을 수
> 행해야 한다. 동쪽에 있는 제거 장소들은 이와 같은 대규모 작전을 수행할 여
> 력이 없다. 그래서 나는 아우슈비츠를 유대인을 제거하기 위한 장소로 정했다.

1941년 9월 초, 수용소 중앙에 있는 한 건물의 지하실에 수백 개의 실험용 가스가 적재되어 있었다. 그것은 소련군 전쟁포로의 학살에 사용된 적이 있는 시안화수소 지클론(Zyklon B)으로서 수분 안에 다수의 사람들을 죽일 수 있는 독가스였다. 원래 살충제로 개발되었던 이 가스 50그램으로 성인 5천 명을 죽일 수 있을 정도였다. 그 다음주에 수용소 중앙에 있는 시신 화장장의

시신 안치실이 가스실로 전환된다. 이 가스실은 1941년 말경부터 가동되기 시작하여 1943년 초까지 운영되었다.

아우슈비츠 강제수용소에 새로운 수감자들이 도착하면 가장 먼저 선별 심사를 거쳐야 했다. 선별은 수용소 중앙 철길 옆에서 이뤄졌다. SS 친위대원들은 강제 노동에 적합하지 못한 사람들을 먼저 선발하여 곧장 가스실로 보냈다. 가스실에는 샤워기가 달려 있어 희생자들은 전혀 의심을 하지 않았다. 가스실은 학살을 효율적으로 진행할 수 있었고, 직접 가해하지 않으므로 학살 집행자가 죄책감을 느끼지 않아도 되었다. 아우슈비츠 수용소 내에는 모두 4곳의 가스실이 있었다. 수용소에 도착하는 수용자들이 최고조에 달하는 기간 동안에는 하루에 6천 명가량의 유대인이 가스실에서 질식사하였다. 희생자들의 시신은 가스실 옆 화장장에서 소각 처리되었다.

마침내 SS 친위대원이 한 명 왔는데, 로텐퓰러였던 것 같습니다. 그는 우리 앰

아우슈비츠 수용소 가스실에서 사용한 지클론 B 가스캔. 나치는 총살이나 교수형보다 더 싸고 빠르며 위생적인 독가스를 이용한 산업적인 학살 방식을 고안해냈다. 희생자들은 샤워를 한다는 말에 탈의실에서 스스로 옷을 벗고 샤워실로 입장하였다. 이윽고 문이 잠기고 샤워기에서는 물이 아니라 독가스가 새어나왔다. 아비규환을 이뤘던 가스실이 잠잠해지면 환기 과정을 마치고 존데르코만도(수감자 작업반원)들이 들어가 시신을 꺼내왔다. 지클론 독가스 제조사는 20시간 이상의 환기를 추천하는데 신속한 시신 처리를 위해 가스 주입장치와 함께 급속 환기장치도 마련했다. 그러지 않았다면 시신 처리를 위해 가스실에 들어간 존데르코만도(작업반원)들도 살아 나오지 못했을 것이다.

아우슈비츠 수용소 수감자 사진. 처형으로 선별돼 가스실로 곧장 들어간 이들은 이러한 사진조차 남기지 못했다. 수감자들은 모두 일을 해야 했다. 하루 일과는 아침 점호 후 바로 시작했는데 여름철에는 새벽 5시부터 정오까지 일하고, 1시간 쉰 뒤 다음 오후 1시부터 6시까지 일했다. 겨울철에는 중간에 쉬는 시간 없이 아침 7시부터 오후 3시까지 일했다. 일터는 모두 수용소 내에 있었는데 대부분 공예품을 만들거나 농장이나 군수공장에서 일했다. 그리고 일부는 의무실과 구내식당 그리고 세탁소, 화장장 같은 데서 노역을 했다. 수감자의 70-75퍼센트가 지식인 출신이어서 노동에 숙련되지 않아 존데르코만도로서는 빵점이었다. 이러한 이유로 이들의 사망률은 점차 높아져 갔다.

아침 식사로 커피나 차가 나왔고(어떤 때는 5개월 동안 순무와 물만 나오기도 했다) 점심에는 멀건 수프와 그때그때 품질이 다른 버터가 나왔다. 저녁 점호 후에는 300그램 정도의 빵(수감자에게 손에 들어올 때는 늘 정량보다 훨씬 줄어들어 있었다)이 나왔다. 요일별로 치즈와 소시지, 마가린 등이 배급되었으나 품질이 형편없이 낮았고 양도 부족했다.

블런스에서 가스캔을 하나 꺼내 왔어요. 그리고 곧장 가스실 입구 오른쪽에 놓여 있는 사다리로 올라갔습니다. 나는 그가 사다리를 오르면서 방독면을 쓰고 있는 것을 보았습니다. 사다리 끝에 다다랐을 때, 그는 원형 가스캔 뚜껑을 열고 먼저 캔 속의 내용물을 투입구로 흔들어 넣었습니다. 나는 마지막으로 벽에 부딪혀 덜컹거리며 떨어지는 가스캔 소리를 들었어요. 동시에 건물 벽 틈새로 갈색 먼지가 피어오르는 것이 보였습니다. 그가 투입구를 닫자마자 가스실 안에서는 형언할 수 없는 울음소리가 새어나오기 시작했습니다. 나는 그때 들었던 인간들의 절규를 도저히 어떻게 표현할 방법이 없습니다. 대략 8-10분 정도 지속되었고, 그리고 나서 곧 모든 것이 조용해졌습니다. 잠시 후 존데르코만도들이 가스실 문을 열렸고 거대한 시체 더미 위로 푸른 연기가 떠 있는 것을 볼 수 있었습니다. […] 어쨌든, 아우슈비츠에 머무는 동안 나는 수감자들의 시신이 오래된 화장장에서 소각되는 것을 목격할 수 있었습니다. 이것은 1944년 말에 들어서야 다소 줄어들었어요. 굴뚝에서 2미터 높이까지 불길이 치솟는 모습을 매일 볼 수 있었죠. 불에 타는 살냄새도 강하게 풍겨왔습니다. - 리하르트 뵈크, 아우슈비츠 강제수용소 수송부 독일인 운전기사

아우슈비츠 수감자들이 무저항으로 일관한 것은 아니었다. 수용소에서 탈출에 성공한 이도 있었고(대부분 다시 잡혀 처형되었지만) 산발적인 저항도 계속되었다. 1944년 10월 7일, 아우슈비츠-비르케나우의 시체 화장장 제4호실에 배정된 수백 명의 수감자들은 곧 자신들도 학살 대상이 된다는 사실을 깨닫고 폭동을 일으켰다. 폭동이 거세지면서 수감자들은 경비원들을 살해하고 시체 화장장과 인근 가스실을 파괴하였다. 이들이 사용한 폭약은 유대인 여성들이 강제 노동을 하고 있는 인근 군수품 공장에서 빼돌린 것이었다. 결국 독일군은 폭동을 진압하고, 폭동에 가담한 모든 수감자들을 살해하였다. 폭약을 빼돌린 강제수용소의 유대인 여성들은 1945년 1월 초에 공개 교수형에 처해졌다.

가스실을 이용한 대량 학살은 1944년 11월까지 계속되었다. 힘러의 명령으로 SS는 그때까지 가동중이던 모든 가스실의 가동을 중지시켰다. 1945년 1월 소련군이 진격해 오자 SS는 남아 있던 가스 주입장치를 파괴했다.

■ 수용소 도착 및 선별 심사

체코에서 아우슈비츠로 수송되어 온 유대인들이 기차에서 내려 선로를 따라 이동하고 있다. 1944. 5
수용소 도착과 선별 심사 사진은 모두 독일인 사진가 베른하르트 발터(Bernhardt Walter)와 에른스트 호프만(Ernst Hofmann)이 촬영한 것이다. 두 사진가가 플랫폼에 대기하고 있을 때 체코 동부 서브카르파티아 루스(현재는 우크라이나 영토)에서 유대인을 가득 싣고 출발한 화물열차가 덜컹거리며 아우슈비츠 강제수용소 구내로 들어왔다.

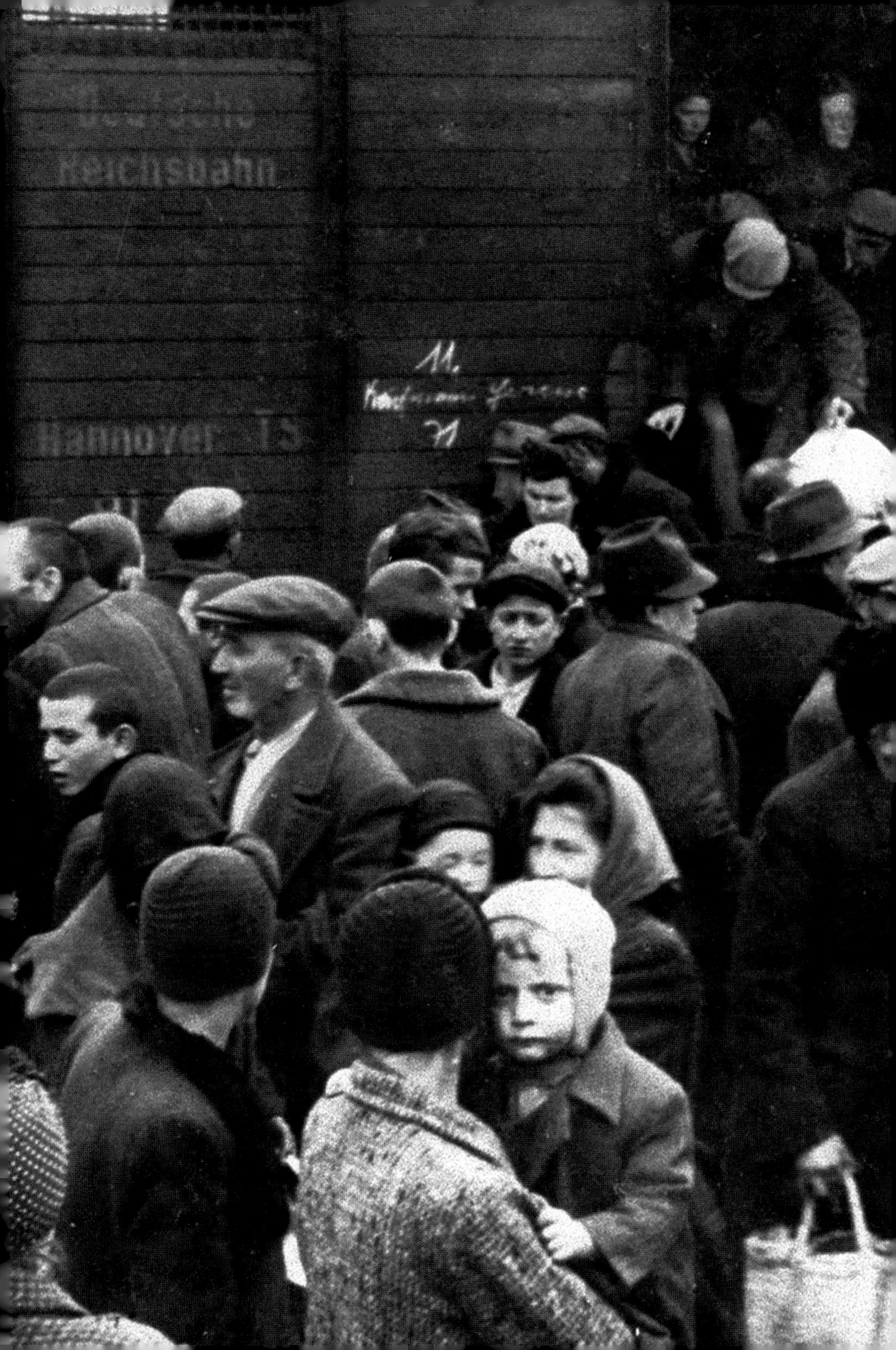
Reichsbahn
Hannover 15

아우슈비츠 강제수용소에 도착한 유대인들이 수송열차에
서 내리고 있다. 1944. 5

유대인들이 기차에서 내려 줄을 서고 있다. 1944. 5

수송열차에서 내려 이동하는 유대인들. 1944. 5

기차에서 내린 유대인들이 선로가에 모여 가지고 온 휴대품을 정리하고 있다. 줄무늬 죄수복을 입은 이들은 존데르코만도(특별 작업반원)들로서 수용소 내에서 노역을 하는 수감자들이다. 1944. 5

유대인 여성들과 아이들이 아우슈비츠 수용소 철도 플랫폼
에서 선별 심사를 기다리고 있다. 1944. 5

▲▶ 선별 심사를 기다리는 유대인 행렬. 음식과 물이 제공
되지 않는 가혹한 여정으로 인해 이들의 건강 상태는 극도
로 악화돼 있었고, 일부는 여행중 화차 안에서 사망해 선로
에 버려졌다. 1944. 5

아우슈비츠에 도착한 유대인들이 선별 심사를 기다리
고 있다. 1944. 5

아우슈비츠에 방금 도착한 유대인 여성과 아이들. 1944. 5

유대인 형제가 아우슈비츠에서 선별 심사를 기다리고 있다.
1944. 5
▶ 위-아래, 선별 심사를 기다리고 있는 유대인들. 1944. 5

선별 심사에서 가족과 떨어지게 되자 흥분한 나이든 유대인 여성을 세 명의 유대인 남성이 붙잡아 진정시키고 있다. 1944. 5

▶▲ 유대인 여성과 아이들이 선별 심사를 기다리고 있다.
1944. 5

체코에서 아우슈비츠로 수송되어 온 유대인들이 기차에서
내려 선별 심사를 받고 있다. 1944. 5

수송되어 온 유대인들이 기차에서 내려 선별 심사를 받고
있다. 1944. 5

유대인들이 기차에서 내려 선로가에서 선별 심사를 받고
있다. 1944. 5

▲◀ 처형으로 선별된 유대인들. 1944. 5

처형으로 선별된 유대인 여성이 가스실로 끌려가기 전 열차에 기대어 서 있다. 1944. 5

◀ 유대인 랍비들이 아우슈비츠 수용소에서 선별 심사를 기다리고 있다. 1944. 5

선별 심사에서 처형으로 분류된 일부 노인들이 선로 건너
가스실로 가고 있다. 1944. 5

▲▶ 선별 심사에서 처형으로 확정된 유대인들이 가스실로
보내지기 전 나무숲 근처에서 대기하고 있다. 1944. 5

처형으로 선별된 유대인들이 가스실로 이동하기 전 대기하고 있다. 1944. 5

선별 심사에서 처형으로 확정된 유대인들이 가스실로 보내
지기 전 나무숲 근처에서 대기하고 있다. 1944. 5

처형으로 선별된 유대인
여성들과 아이들이 가스
실을 향해 걸어가고 있다.
1944. 5

처형으로 선별된 유대인 여성과 아이들. 1944. 5

처형으로 선별된 유대인 여성과 아이들. 1944. 5

처형으로 선별된 유대인 여성과 아이들이 가스실을 향해
걸어가고 있다. 1944. 5

처형으로 선별된 나이든 유대인들이 가스실을 향해 가고
있다. 1944. 5

처형으로 선별된 나이든 유대인들이 가스실로 가기 전에
대기하고 있다. 1944. 5

한 유대인 여성이 아우슈비츠 수용소 플랫폼에서 선별 과정을 거친 후, 세 어린이와 아기를 안고 가스실을 향해 걸어가고 있다. 1944. 5

▲▶ 처형으로 선별돼 가스실로 이동하기 전 대기하고 있
는 유대인 남성들. 1944. 5

처형으로 선별된 유대인 여성과 아이들이 가스실로 가기
전 대기하고 있다. 1944. 5
▶ 위-아래, 처형으로 선별된 유대인 여성과 아이들이 가
스실을 향해 걸어가고 있다. 1944. 5

261

처형으로 선별된 유대인 여성과 아이들이 가스실을 향해
걸어가고 있다. 1944. 5

처형으로 선별된 유대인 여성들이 가스실을 향해 걸어가고
있다. 1944. 5

처형으로 선별된 유대인 여성과 아이들이 가스실을 향해
걸어가고 있다. 1944. 5

아우슈비츠 수용소에서 강제 노동으로 선별된 유대인들이
막사 앞에 도열해 있다. 1944. 5
▶ 위-아래, 강제 노동으로 선별된 유대인들이 수용소의
다른 구역으로 이동하고 있다. 1944. 5

아우슈비츠 수용소에서 강제 노동으로 선별된 유대인 여성들이 수용소의 다른 구역으로의 이동을 기다리고 있다. 1944. 5
◀ 위-아래, 강제 노동으로 선별된 유대인 남성들이 수용소의 다른 구역으로의 이동을 기다리며 서 있다. 1944. 5

강제 노동으로 선별된 유대인 여성들이 수용소의 다른 구
역으로의 이동을 기다리며 서 있다. 1944. 5

강제 노동으로 선별된 유대인 여성들이 수용소의 다른 구
역으로의 이동을 기다리며 서 있다. 1944. 5

▲◀ 강제 노동으로 선별된 유대인 여성들이 수용소의 다른 구역으로의 이동을 기다리며 서 있다. 1944. 5

강제 노동으로 선별된 유대인 여성들이 식당 앞에
집합해 있다. 1944. 5

유대인 여성들이 소독과 이발을 마치고 막사를 향해 이동
하고 있다. 1944. 5

강제 노동으로 선별된 유대인 여성들이 소독과 이발을 마치고 막사를 향해 이동하고 있다. 1944. 5

강제 노동으로 선별된 유대인 여성들이 소독과 이발을 마친 후 다음 명령을 기다리며 대기하고 있다. 1944. 5

강제 노동으로 선별된 유대인 여성들이 소독과 이발을
마치고 막사 쪽으로 이동하고 있다. 1944. 5

강제 노동으로 선별된 유대인 여성들이 소독과 이발을 마
치고 지급받은 침구류를 들고 막사를 향해 걸어가고 있다.
1944. 5

존데르코만도들이 방금 도착한 유대인들로부터 압수한 휴
대품들을 트럭과 수레를 이용해 옮기고 있다. 1944. 5

여성 존데르코만도들이 방금 도착한 유대인들로부터 압수
한 휴대품들을 분류하고 있다. 1944. 5

아우슈비츠 수용소의 한 창고에서 트럭에 실려온 유대인들의 옷가지들을 존데르코만도들이 하역하고 있다. 1944. 5

한 창고에서 유대인들로부터 압수한 식기류들을 여성 죈데
르코만도들이 분류하고 있다. 1944. 5

■ 강제수용소

다하우 강제수용소 항공사진. 1945. 5. 27

해방 후의 폴란드 마이다네크 강제수용소의 전경. 1944. 7. 24

마이다네크 강제수용소의 전기 철조망. 1944. 7. 24

다하우 강제수용소의 수감자 막사. 1945. 5. 3

다하우 강제수용소의 가스실 내부. 1945. 6. 1

248091

마이다네크 수용소의 가스실 내부.
◀ 위, 가스실 뒷면. 오른쪽에 있는 기기는 가스실에 일산화
탄소를 주입하는 데 사용되었다.
아래, 마이다네크 수용소의 가스실 출입문. 1944. 7 이후.

마이다네크 강제수용소의 시신 화장장.
1944. 7. 24 이후

한 프랑스 레지스탕스 대원이 나츠바일러-슈투트호프 강
제수용소 샤워실에서 SS 경비원들이 수감자들을 매달아
구타했던 파이프를 가리키고 있다. 1944. 12. 2
◀ 연합군이 부트에서 발견한 화장장과 유해. 1944.
9–1945

유고슬라비아의 미확인 강제수용소의 철조망에 걸려 있는
수감자 시신. 아마 탈출하려다 감전사한 것 같다. 1941-
1945

벡트 강제수용소를 둘러싸고 있는 고압 전기철조망 경고
판. 1944. 9-1945

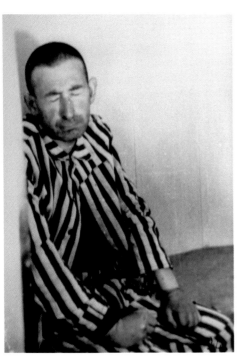
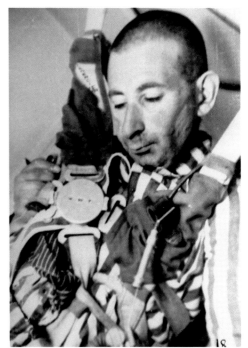

감압실에서 생체실험중인 피실험자가 급격한 기압 변화
에 고통스러워하고 있다. 1942

감압실에서 저압 생체실험중인 피실험자. 1942

저압 생체실험을 받던 피실험자가 의식불명 상태에 빠졌
다. 1942
◀ 저압 생체실험중인 피실험자. 1942

독일 공군 조종사들이 얼마나 높은 고도에서 생존할 수
있는지를 판단하기 위한 생체실험으로, 고도 15,000미
터 기압에서 실험이 진행되었다. 1942

야노브스카 강제수용소의 오케스트라 단원들이 지휘자를 중심으로 둘러서서 공연을 하고 있다. 1943 이전

도브-엘베 운하를 건설하는 강제수용소 수감자들. 1941-
1942

야노브스카 강제수용소에서 노역중인 수감자들. 1941.
5-1943. 12

노이엔감메 강제수용소에서 강제 노동중인 수감자들.
1941-1942

318

▲◀ 마우타우젠 강제수용소의 비너 그라벤 채석장에서 작
업중인 수감자들. 1941.

부헨발트 강제수용소 군수공장의 조립 라인에서 작업중인 수감자들.
1943

부헨발트 강제수용소의 수감자들이 수용소 근처의 채석장에서 노동을 하고 있다. 1937. 7. 15-1939. 9. 1

수용소 막사 기반 작업중인 수감자들. 1939. 9-10

▲◀ 바이마르-부헨발트 철도선 건설 강제 노동에 동원되어 작업중인 부헨발트 수용소의 수감자들. 1943.

▲◀ 바이마르–부헨발트 철도선 건설에 투입되어 작업중인 부헨발트 수용소 수감자들.

가슴에 '다윗의 별'을 달고 있는 소녀. 이 사진은 아우슈비츠에서 촬영된 것으로 밝혀졌다. 1941
◀ 러시아 전쟁포로 수용소 건설에 동원된 강제 노동 수용소 수감자들이 러시아 전쟁포로 수용소 건설에 동원되어 작업중이다. 1942. 4-5

독일 하벨강가 오라니엔부르크 강제수용소 마당에서 수감자들이 경비병들로부터 점호를 받고 있다. 1933. 4. 6

SS 총사령관 하인리히 힘러(앞줄 왼쪽)와 그의 수행원들이 마우타우젠 강제수용소를 공식 시찰하고 있다. 1941. 4. 27

SS 총사령관 하인리히 힘러와 그의 수행원들이 마우타우
젠 강제수용소를 시찰하고 있다. 1941. 4. 27

마우타우젠 강제수용소의 채석장을 시찰하던 중 프란츠 지에라이스 수용소 사령관이 하인리히 힘러에게 무엇인가를 손으로 가리키며 보고하고 있다. 1941. 4. 2

SS 경비대가 우크라이나 베우제츠(Belzec) 강제수용소
인근에 있는 수용소 사령관의 관사 밖에 줄지어 서 있다.
1942

부헨발트 강제수용소의 수감자 밴드부. 1941-1945

SS 친위대에 맞아 죽은 한 유대인 포로의 얼어붙은 시체가
눈 속에 처박혀 있다. 1943. 사진: Paul Ricken

시사크 강제수용소 아동막사의 어린이 수감자들.
1942-1943년경

한때 감자밭으로 사용되던 베르겐-벨젠 강제수용소의 한 구역. 감자를 훔치다 붙잡힌 수감자들은 중형을 받았다. 1945. 4. 28 사진: Gwin

베르겐–벨젠 강제수용소에 쌓아 놓은 희생자들의 신발 더
미. 1945. 4. 28 사진: Gwin

해방 직후의 아우슈비츠 강제수용소의 전기 철조망. 1945. 1

영국군이 불을 놓아 베르겐-벨젠 강제수용소를 소독하고 있다. 1945. 4. 28 사진: Gwin

한 미군 병사가 부헨발트 강제수용소에서 수감자들로부터
압수한 반지가 가득 들어 있는 상자를 발견하였다. 1945.
5

아우슈비츠 강제수용소에서 발견된 여성 수감자들의 머리 카락 묶음. 1945. 1. 2

다하우 강제수용소 마당에 수감자들이 벗어놓은 옷 더미.
1945. 4. 30 사진: Sidny Blau
◀ 위, 해방된 다하우 강제수용소에서 발견된 수감자들의
옷더미. 1945. 5. 1
아래, 수감자들로부터 압수한 옷들이 쌓여 있는 아우슈비
츠 강제수용소 의류창고. 1945. 1

다하우 강제수용소를 드나들던 죽음의 열차. 1945. 4. 30

뵈브벨린 강제수용소의 막사. 1945. 5 사진: A. Drummond, Jr.

1,500명을 수용하던 플로센부르그 강제수용소의 막사 내
부. 1945. 5

BRAUSEBAD

다하우 강제수용소의 가스실 출입문. 문 위에 '샤워실
(Brausebad)'로 표시되어 있다. 1945. 7. 1

부헨발트 강제수용소의 시신 소각로. 1945. 5

다하우 강제수용소의 시신 소각로. 1945. 7. 1

베르겐-벨젠 강제수용소의 시신 소각로. 1945.
4. 28 사진: Gwin

5. 해방 Liberation

우리는 2박3일 동안 아무 음식도 먹지 못하고 산속에 숨어 있었습니다. 우리 머리 위로 포탄이 수없이 날아다녔죠. 그리고는 독일군과 다른 제복을 입고 낮선 말을 하는 군인들이 나타났습니다. 당시 나는 영어를 알아듣지 못했어요. 1945년 5월 1일 우리는 드디어 해방되었습니다. - 다비드 에이거, 폴란드 라돔 출신, 다하우 강제수용소 생존자

1945년 1월 중순, 소련군이 아우슈비츠 강제수용소 방면으로 진격해 오자 SS는 아우슈비츠와 그 부속 수용소에서 철수하기 시작하였다. SS는 6만 명에 가까운 수감자들을 아우슈비츠 서쪽으로 행군시켰다. 이러한 죽음의 행진 (The Death March)이 시작되기 전날, 수천 명의 수감자가 학살당하였다.

대부분이 유대인인 수만 명의 수감자들은 40-50킬로미터를 행군하였다. SS 경비병은 대열에서 낙오하거나 행군이 불가능한 자들은 무조건 사살하였다. 수감자들은 죽음의 행진중 추운 날씨와 굶주림 그리고 햇빛에 과도하게 노출되어 지속적인 고통을 받았다. 아우슈비츠에서 인근 부속 수용소로 이동하는 과정에서만 1만 5천 명가량이 사망한 것으로 추산된다.

연합군은 계속되는 나치 독일군의 저항을 뚫고 유럽의 곳곳으로 진군하면서 수만 명의 강제수용소 수감자들과 마주치기 시작했다. 이러한 수감자들의 대다수는 폴란드 내 독일군 점령지에 위치한 수용소에서 독일 내의 수용소로 이동하는 죽음의 행진에서 제외되어 살아남은 사람들이었다. 당시

5살짜리 소년 브라이너 오돈이 부헨발트 강제수용소에서 프랑스로 출발하기 직전에 다윗의 별이 수놓아진 깃발을 들고 미군 지프 위에 서서 웃고 있다. 1945. 6. 5

수용소에 남아 있던 수감자들은 굶주림과 질병으로 고통을 받고 있었다.

1945년 1월, 소련군이 최대 규모의 집단학살 수용소인 아우슈비츠를 해방시켰다. 그러나 나치가 아우슈비츠에 있던 대다수의 수감자들을 강제 이동시킨 뒤였다. 소련군이 진입하였을 때는 겨우 수천 명의 여윈 수감자들만이 수용소에 남아 있었다. 그들은 제 몸조차 제대로 가누질 못했다. 수용소에는 대량 학살의 증거가 곳곳에 남아 있었다. 퇴각하는 독일군은 수용소의 거의 모든 창고를 파괴하고 갔했지만 남아 있던 창고에서 소련군은 희생자들의 개인 휴대품을 발견할 수 있었다. 수감자들이 입소하면서 벗어 놓았을 수십만 벌의 남자 양복, 80만 벌 이상의 여성 의류, 그리고 6천 킬로그램 이상의 사람 머리카락이 나왔다. 독일군은 이 머리카락을 독일로 옮겨 침낭이나 매트리스 속으로 사용했다.

이후 수개월 동안, 소련군은 발트해 및 폴란드의 다른 수용소를 추가로 해방시켰다. 독일군이 항복하기 직전 소련군은 스투트호프, 작센하우젠 및 라벤스브뤼크 강제수용소를 해방시켰다.

나치가 수용소에서 철수한 며칠 후인 1945년 4월 11일, 미군은 독일 바이마르 지방에 위치한 부헨발트 강제수용소를 해방시켰다. 수용소가 해방되던 날, 레지스탕스 조직은 SS 경비대가 학살을 자행하는 것을 막기 위해 부헨발트 강제수용소를 장악하였다. 이곳에서 미군은 2만 명 이상의 수감자들을 해방시켰다. 미군은 계속 도라-미텔바우, 플로센뷔르크, 다하우 및 마우타우젠 강제수용소를 해방하였다. 영국군은 주로 독일 북부의 강제수용소를 해방하였다. 1945년 4월 중순에는 베르겐-벨젠 강제수용소에 진입해 약 6만여 명의 수감자들을 해방시켰는데 이들은 대부분 장티푸스로 인하여 심각한 상황에 처해 있었다. 이 수용소에서는 한 달 전 안네 프랑크가 언니 마고트와 함께 장티푸스로 사망했다. 생존자 중 1만여 명 이상이 영양실조나 질병으로 인하여 해방 후 수주 만에 숨을 거두었다.

해방 이후에야 비로소 나치의 끔찍한 학살 전모가 차츰 세상에 알려지기 시작했다. 강제수용소를 해방한 연합군 군인들은 나치 수용소의 처참함을 목도하고 경악하였다. 시체가 수용소 구내 여기저기에 널려 있었고, 소각로에는 타다 남은 유골이 가득했다. 수용소 생존자들 역시 강제 노동과 영양 결핍, 그리고 수개월에서 수년 동안의 열악한 환경에서의 수감 생활로 인하여 대부분 피골이 상접해 있었고 질병을 앓고 있었다. 일부 생존자들은 체력이 너무 떨어져서 제대로 서 있거나 걸을 수조차 없었다. 생존자들이 체력을 회복하기까지는 오랜 시간과 노력이 필요했고, 홀로코스트의 트라우마는 평생 그림자처럼 그들을 따라다녔다.

베르겐-벨젠 강제수용소에서 1945년 4월 9일 출발한 기차가 4월 13일 독일 파스레벤 근처에서 미군에 의해 해방되었다. 이송중 해방을 맞이한 유대인 모자와 승객들이 철로변 언덕에서 휴식을 취하고 있다. 1945. 4. 14 사진: Harry E. Boll

마우타우젠 강제수용소 생존자들이 미군 제17기갑사단 장
병들을 환영하고 있다. 1945. 5. 7 사진: Donald R. Orinitz

해방 직후 마우타우젠 강제수용소의 생존자들이 SS 합숙소 입구 위에 설치한 나치 독수리 휘장을 잡아당겨 철거하고 있다. 1945. 5. 6

함멜부르크 인근 포로수용소에 수감되어 있던 연합군 포로들이 미군 셔먼 탱크가 포로수용소의 철조망 울타리를 부수며 들어오자 환호하고 있다. 1945. 4. 8 사진: Joseph A. Bowen

다하우 강제수용소 생존자들이 한데 모여 연합군에게 경의
를 표하고 수용중 사망한 동료들을 추모하고 있다. 1945.
5. 3

해방된 다하우 강제수용소에서 생존자들이 미군이 도착하자 환호성을 올리고 있다. 1945. 4. 29
◀ 위, 생존자들이 연합군에게 경의를 표하고 다하우 강제수용소에서 죽은 동료들을 추모하고 있다. 1945. 5. 3
아래, 영국 육군이 제공하는 배식을 받기 위해 줄을 선 수용소 생존자들. 1945. 4. 28 사진: Gwin

미 3군단에 의해 해방된 에벤시의 마우타우젠 강제수용소 생존자들이 '우리는 해방군을 환영한다'는 표지판 아래를 행진하고 있다. 1945. 5

해방 직후 다하우 강제수용소 막사 앞에 서 있는 생존자들.
1945. 5

해방 직후 미군을 발견한 생존자가 울음을 터뜨리고 있다.
1945. 5. 4

마우타우젠 강제수용소 막사 앞의 여성 생존자들. 1945. 5

해방된 부헨발트 강제수용소 막사 안의 생존자들.
1945. 4. 14

성인용 줄무늬 죄수복을 입고 이동중인 아우슈비츠 수용소
의 어린이 생존자들. 1945
◀ 부헨발트 수용소 철조망 뒤에 서 있는 청소년 생존자들.
1945. 4. 11

다하우 강제수용소의 수감자들이 해방을 위해 건배하고 있다. 1945. 4
◀ 위, 아우슈비츠 수용소의 어린이 생존자들, 성인용 죄수복을 입고 있다. 1945
아래, 아우슈비츠 수용소 정문으로 몰려온 수감자들. 1945. 1. 27 이후

해방 후 부헨발트 강제
수용소에서 발견된 청
소년 환자들. 1945. 4

유대인 생존자들이 노이엔감메 강제수용소의 부속 수용소인 하노버–알렘 강제수용소 블럭 2 앞에서 미군 통신대 사진병을 위해 포즈를 취하고 있다. 1945. 4. 11

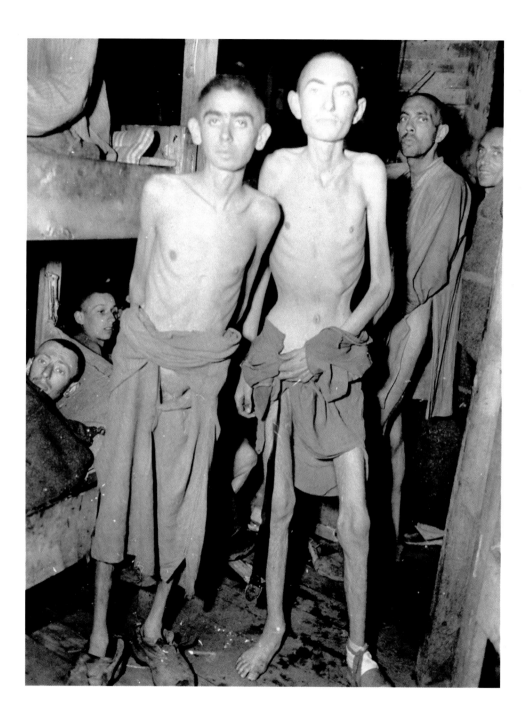

해방 당시 베르겐-벨젠 강제수용소 막사 안에 있던 수감자들. 1945. 4. 28 사진: Gwin
◀ 수척한 유대인 생존자들이 해방된 다하우 부속 수용소인 암프핑(Ampfing) 강제수용소 막사에서 포즈를 취하고 있다. 1945. 5. 4 사진: Georgr Mallinder

미군 제9군에 의해 해방된 수용소 막사의 소련군 포로들.
1945
◀ 위, 다하우 강제수용소 막사 밖의 생존자와 희생자 시신.
1945
아래, 해방된 부헨발트 강제수용소 막사 안의 생존자들.
1945. 4. 11-20

베르겐-벨젠 강제수용소의 생존자들이 감자 껍질을 벗기
고 있다. 그 뒤쪽에는 수용소 해방 전에 사망한 포로들의 시
체를 모아 놓았다. 1945. 4

다하우 강제수용소의 생존자들이 미군이 붙잡은 SS 경비원에게 린치를 가하고 있다. 뒤의 미군들은 일부 경비원들을 즉석에서 처형하였다. 1945. 4. 29 사진: Arland B. Musser

다하우 강제수용소에서 살아남은 생존자들이 작은 침상 위
에 모여 잠을 청하고 있다. 침대는 3층으로 되어 있고, 350
명에서 800명 사이의 남자들이 120개의 침대가 밀집한 막
사에서 생활했다. 1945. 5. 1

에벤시 강제수용소의 의무실 병동의 생존자들. 1945. 5.
8. 사진: J. Malan Hestop

다하우 강제수용소의 부속 수용소인 암프핑 강제수용소의
생존자들이 의무실 밖에 도열해 있다. 1945. 5. 4. 사진:
George Mallinder
◀ 암프핑 강제수용소에서 살아남은 생존자들. 1945. 5.
4. 사진: George Mallinder

린츠의 마우타우젠 강제수용소 생존자들이 폭탄 분화구에
암매장한 시체를 발굴하고 있다. 1945. 5. 7

다하우 강제수용소의 생존자들이 집단 무덤 속을 들여다보
고 있다. 1945. 4. 30 사진: Arland B. Musser

미 제3기갑사단에 의해 해방된 한 러시아 출신의 한 생존자가 포로들을 잔인하게 구타한 수용소 경비원을 손가락으로 지목하고 있다. 1945. 4. 14
사진: Herold M. Roberts

레클링하우젠 강제수용소에 억류되어 있는 10명의 독일인들이 미군 조종사와 수감자들을 살해한 혐의로 미군 수사관의 심문을 받기 위해 대기하고 있다. 1945. 5. 3 사진: A.R. Pilgrene

해방 당일 린츠 강제수용소 의무실의 생존자들. 1945. 5. 7

해방 후 막사 화장실에 모여 있는 생존자들. 1945. 4. 29

해방 직후 다하우 강제수용소의 의무실에 생존자들이 누워 있다. 1945. 5. 1
◀ 위, 에벤시 강제수용소의 유대인 생존자들이 의무실 병상에 모여 있다. 1945. 5.
8 사진: J. Malan Hestop
아래, 다하우 강제수용소의 생존자들. 1945. 5. 사진: Cunningham

부헨발트 강제수용소 막사에 생존자들이 누워 있다. 1945.
4. 16 사진: Dively Medics

해방된 다하우 강제수용소의 생존자들. 1945. 4. 5

해방 후 마우타우젠 강제수용소의 생존자들이 막사 안에서
포즈를 취하고 있다. 죽은 수감자들의 시체가 오른쪽에 뉘
워져 있다. 1945. 5

아우슈비츠 강제수용소의 생존자들이 철조망 뒤에 서 있
다. 1945. 1. 27.

다하우 강제수용소의 생존자들. 1945. 4. 5

베르겐-벨젠 강제수용소 생존자. 1945. 4. 28 사진: Gwin

베르겐-벨젠 강제수용소 사무동. 1945. 4. 28 사진: Gwin

베르겐–벨젠 강제수용소의 생존자들 1945. 4. 28 사진: Gwin

베르겐–벨젠 강제수용소 정문 앞의 생존자들. 1945. 4.
28 사진: Gwin

생존자들이 막사에서 나와 마우타우젠 강제수용소의 광장을 따라 걷고 있다. 1945. 5. 5

담요를 둘러쓴 생존자들이 뵈브벨
린 강제수용소의 한 막사 안에서
죽은 수감자 뒤에 모여 앉아 있다.
1945. 5. 5

에벤시 강제수용소 막사 앞에 네 명의 생존자가
앉아 있다. 1945. 5. 8 사진: J. Malan Hestop

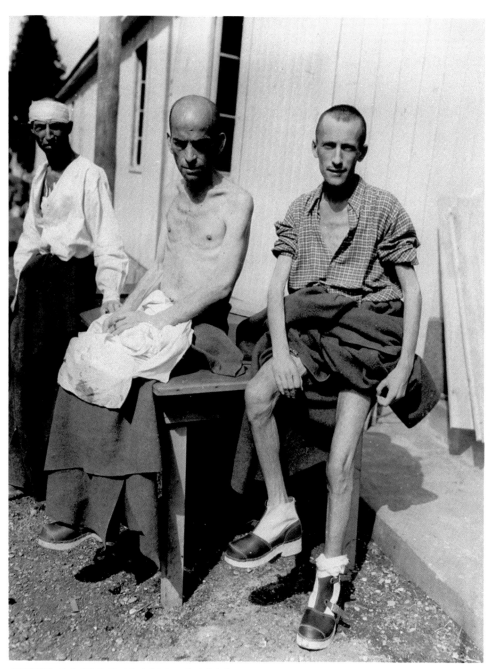

제3군단에 의해 해방된 암프핑 강제수용소의 헝가리계 유
대인 생존자들. 1945. 5. 7 사진: Joseph W. Lapine

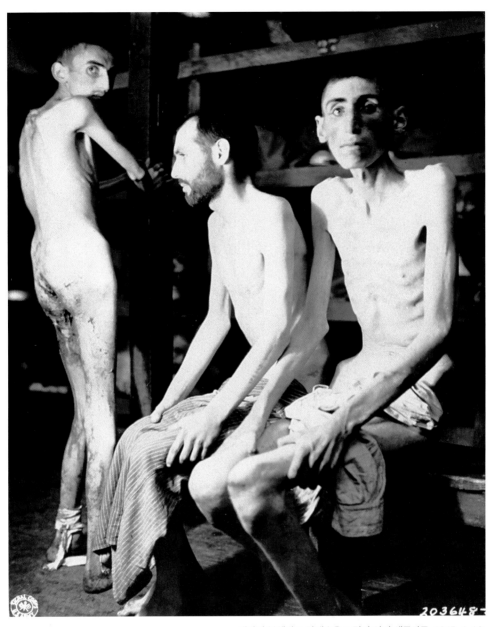

해방된 부헨발트 강제수용소 막사 안의 생존자들. 1945. 4. 16

베르겐-벨젠 강제수용소의 여성 생존자들. 1945. 4. 28
사진: Gwin
▶ 위, 수척해진 여성 생존자들이 해방된 군스키르헨 강제
수용소 막사 안에 빨래를 널어 놓았다. 1945. 5. 7 사진:
Robert E. Holyway
아래, 마우타우젠 강제수용소의 여성 생존자들이 병동 막
사의 나무침대 위에 앉아 있다. 1945. 5. 8 사진: Donald
R. Orinitz

436

▲◀ 해방된 아우슈비츠 강제수용소의 여성 생존자들.
1945. 1. 27

독일 레겐스부르크의 제3군 포로수용소의 여성 생존자들.
1945. 5. 8 사진: R. Grant
◀ 위, 마우타우젠에 있는 여성 수용소에서 생존자들이 수
프를 배급받기 위해 줄을 서 있다. 1945. 5. 12
아래, 베르겐–벨젠 강제수용소에서 여성 생존자들이 풀려
나고 있다. 1945. 4. 28

에벤시 강제수용소 의무동 철조망 뒤에 수척한 생존자 7명
이 벌거벗은 채 서 있다. 1945. 5. 7

카우페링 제4 강제수용소로 연결되는 선로변에 수감자들의 시신이 버려져 있다. 1945. 4. 29

까맣게 타버린 카우페링 제4 강제수용소와 수감자들의 유
해. 1945. 4. 27-28 사진: Edward C. Newell

베르겐-벨젠 강제수용소 생존자들이 막사 밖의 시체들 사이에 앉아 있다. 1945. 4
◀ 위, 카우페링 제4 강제수용소. 1945. 4. 29
아래, 헤움노 강제수용소 바닥에 쌓여 있는 유대인 희생자들의 소지품. 1945

한 미군 병사가 SS에 잡혀 수용소로 온 두 명의 유대인 수
감자와 이야기를 나누고 있다. 1945. 5. 1 사진: Al Gretz
◀ 위, 사망한 군인들의 시신이 다하우 강제수용소 구내
죽음의 열차 안에 버려져 있다. 1945. 4. 29 사진: David
Edward Lyne Jr.
아래, 다하우 강제수용소 죽음의 열차 안에 방치된 전쟁포
로의 시신. 1945. 4. 29-5. 1

미 제82공수사단 소속 부대원들이 뵈브벨린 강제수용소
화장실에서 발견한 시신들을 바라보고 있다. 1945. 5. 6

450

가르델레겐 외곽의 헛간에서 SS에 의해 살해된 새까맣게
타버린 수감자의 시신. 1945. 4. 16 사진: E.R. Allen

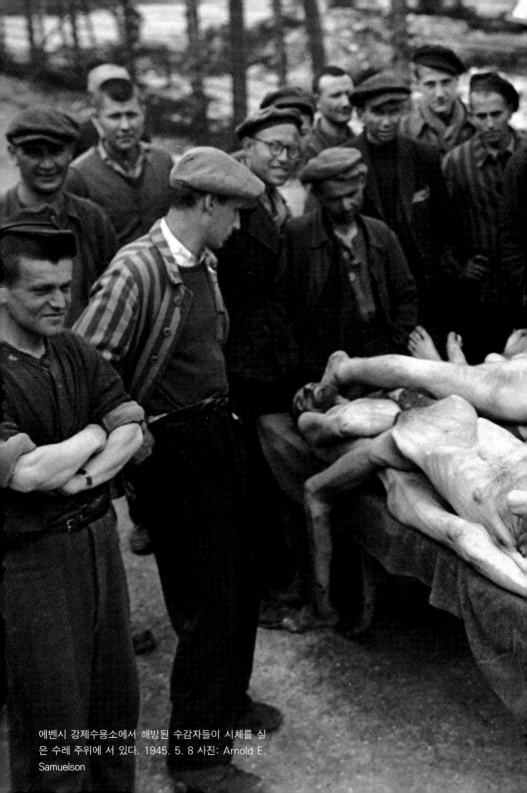

에벤시 강제수용소에서 해방된 수감자들이 시체를 실은 수레 주위에 서 있다. 1945. 5. 8 사진: Arnold E. Samuelson

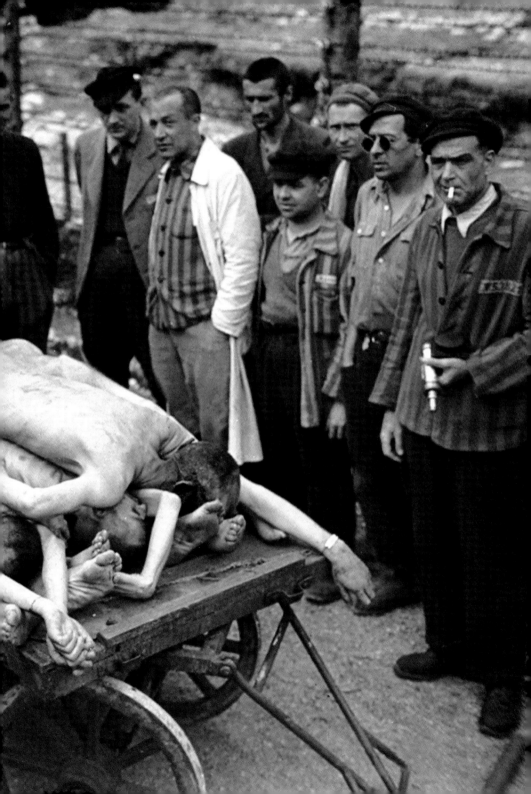

베르겐-벨젠 강제수용소 구내에 방치된 시신들. 1945. 4.
15-20

오스트리아 민간인들이 시체를 집단 무덤으로 운반하기 위해 수레에 싣고 담요를 덮고 있다. 1945. 5

미군 헌병대와 동행한 기자들이 새로 해방된 부헨발트 강
제수용소를 시찰하고 있다. 1945. 4. 25

뵈브벨린 강제수용소 막사 입구의 희생자 시신들. 1945. 5. 4

부헨발트 강제수용소 부속 캠프 전기 철조망에
서 발견한 시체를 수습하고 있다. 1945. 4. 5
▶ 뵈브벨린 강제수용소의 막사 입구에 있는
수감자들의 시체들. 1945. 5. 4-5 사진: A.
Drummond, Jr.

제42 레인보우 사단 소속의 두 병사와 수감자가 다하우 강제수용소를 둘러싸고 있는 해자에 빠진 SS 경비원 시신을 갈고리로 건져올리고 있다. 1945. 5. 5 사진: Horace Abrahams

두 명의 생존자가 보엘케 카제메라고 불리는 막사의 짚으
로 덮인 바닥에 널린 시체들 사이에 누워 있다. 1945. 4.
11 사진: Harold M. Roberts

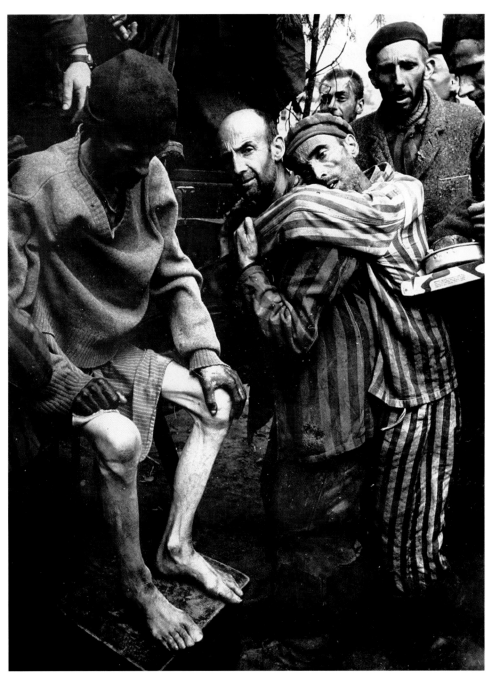

뵈브벨린 수용소에서 미군 야전병원으로 이송중인 생존자.
1945. 5. 4 사진: Ralph Forney

미 제3군단이 오르드루프로 진격할 때 후퇴하던 독일군의
총격을 받아 사망한 폴란드계 유대인의 시체. 1945. 4. 12

비엔나 디치로 가는 길에 총살된 포로들의 시신. 1938-1945

카우페링 수용소에 미군이 도착하기 전 SS에 의해 살해된
포로들의 시체. 1945. 4. 29

해방된 오르드루프 강제수용소를 시찰중인 아이젠하워 장군과
군수뇌부. 1945. 4. 1

베르겐-벨젠 강제수용소 내에 있는 집단 무덤. 1945. 5. 1

▲▶ SS에 의해 사살된 포로들의 시신이 가르델레겐 외곽
의 헛간 문 앞에 놓여 있다. 1945. 4. 16 사진: E.R. Allen

해방된 다하우 강제수용소 구내에 희생자들의 시신이 방치
되어 있다. 1945. 4. 29-30

폐허가 된 베르겐-벨젠 강제수용소. 1945. 4. 28

한 미군 병사가 시신 운반용 엘리베이터를 시험해 보고 있다. 1944. 1

◀ 한 미군 병사가 아직 유해가 남아 있는 소각로 안을 들여다보고 있다. 1945. 5

미 7군단 소속 미군들이 히틀러 유겐트(청년단) 대원으로 추정되는 소년들에게 아사한 수감자들의 시체가 있는 화차를 보여주고 있다. 1945. 4. 30

해방된 부헨발트 수용소에서 미군의 감독 하에
독일 민간인들이 시체가 쌓여 있는 현장을 견학
하고 있다. 1945. 4. 16

아른슈타트 수용소에 있는 수감자들의 텐트 막사. 1945.
4. 13

독일인 간호사가 뵈브벨린 수용소의 러시아, 프랑스, 체코
출신의 생존자들에게 음식을 나눠주고 있다. 1945. 5. 14
사진: Ralph Forney

유대인 난민 가족이 오스트리아 잘츠부르크 할린에 위치한
난민 수용소에서 난방과 요리에 사용되는 난로 주위에 모
여 불을 쬐고 있다. 1945. 2. 1

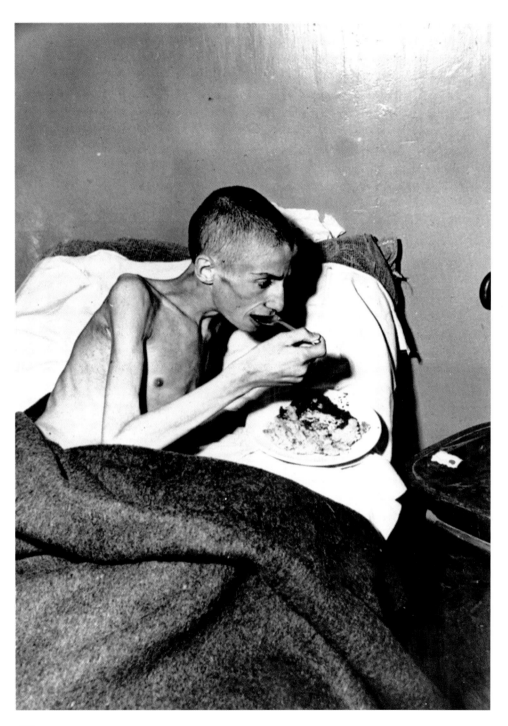

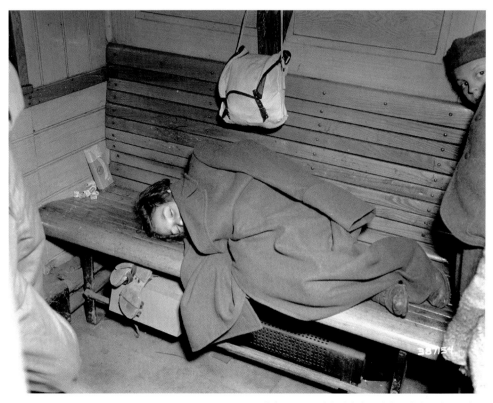

부헨발트 수용소에서 해방된 유대인 소녀가 프랑스로 가는
기차를 타고 가는 동안 잠을 자고 있다. 1945. 6. 5
◀ 파리 출신의 프랑스 유대인 소년이 미군이 점령한 오스
트리아 웰스에 있는 미군 야전병원에서 첫번째 식사를 하
고 있다. 1945. 6. 19

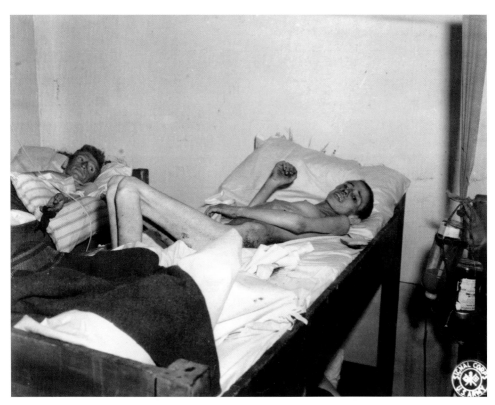

▲▶ 죽음의 행진에서 살아남은 수척한 유대인 여성들이
체코슬로바키아 볼라리에 있는 미군 야전병원에 누워 있
다. 1945. 5. 8

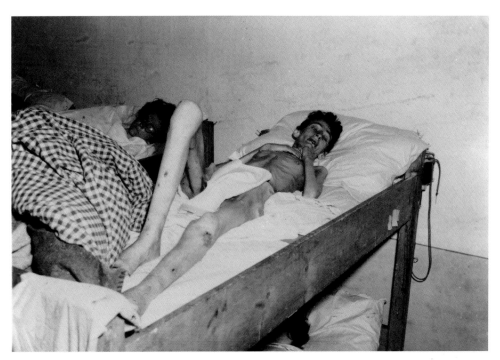

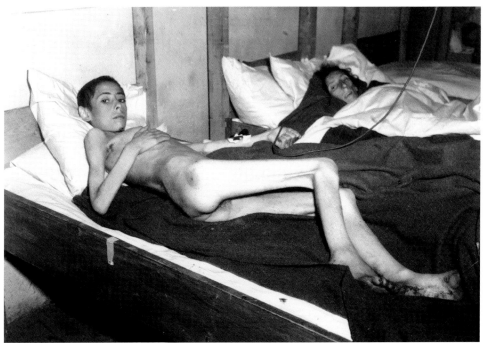

491

베르겐-벨젠 강제수용소의 여성 생존자들이 한 막사에 모여 감자 껍질을 벗기고 있다. 1945. 4. 28

204375

부헨발트 강제수용소의 4살짜리 생존자인 조셉 슐라이프
슈타인이 수용소 해방 직후 국제재활사업국(UNRRA)의
트럭 발판에 앉아 있다. 1945

마우타우젠 강제수용소 생존자들이 한데 모여 식사용으로
쓸 감자 껍질을 벗기고 있다. 1945. 5. 20

난민과 수용소 생존자들이 네덜란드, 벨기에, 프랑스로 가기 위해 독일 하노버에서 트럭을 기다리고 있다. 1945. 5. 9 사진: Oliver

테레지엔슈타트(테레진) 수용소에서 구출된 늙은 유대인
들이 성 갈렌의 하드윅스슐하우스에서 제공한 따뜻한 식사
를 즐기고 있다. 1945. 2. 11 사진: Walter Scheiwiller

테레지엔슈타트 수용소에서 구출된 두 명의 유대인 여성이
세인트 갈렌에 있는 하드위그슐하우스에서 제공한 따뜻한
식사를 즐기고 있다. 1945. 2. 11 사진: Walter Scheiwiller

난민 수용소의 생존자들을 위한 걸죽한 수프와 약간의 고기와 빵으로 구성된 점심 배식 창구. 큰 냄비를 든 소녀는 그녀의 가족 5인분을 배급받기 위해서 대표로 온 것이다. 1945. 5. 20 사진: Louis Weintraub

해방된 구센 강제수용소에서 두 여성 생존자가 앉아 있다. 1945. 5

■ 유해 발굴 및 수습

노인부르크 포름 발트 지역의 독일 소년들이 폴란드, 헝가리, 러시아 출신 유대인 희생자들의 시신을 담을 관이 실린 수레를 공동묘지로 끌고 가고 있다. 1945. 4. 29

카우페링 제4 수용소 인근 지역에서 미군이 차출한 독일 민
간인들이 강제수용소 내에서 발견된 집단 매장지를 발굴하
고 있다. 1945. 4. 30 사진: Smith

차출된 독일 민간인들이 가르델레겐 외곽에서 친위대에 의
해 살해된 시신들을 발굴하고 있다. 연합군은 시신 발굴과
수습에 독일 민간인들을 동원하였다. 1945. 4. 18

차출된 독일 민간인들이 가르델레겐 외곽에서 SS 친위대
에 의해 살해된 시신들을 발굴하고 있다. 1945. 4. 18 사
진: Phillp R. Mark

슈바르첸펠트 지역의 독일 민간인들이 마을 근처의 집
단 무덤에서 발굴된 140구의 헝가리, 러시아, 폴란드 출
신 유대인들의 시신을 수습하고 있다. 1945. 4. 25 사진:
Edward Belfer

슈바르첸펠트 지역의 독일 민간인들이 마을 근처의 집단 무덤에서 발굴한 약 140여 구의 헝가리, 러시아, 폴란드 출신 유대인들의 시신을 수습하고 있다. 1945. 4. 25 사진: Edward Belfer

독일 민간인들이 미군의 감독하에 노르트하우젠 강제수용
소에서 발견된 희생자들의 시신을 묻기 위해 집단 무덤을
파고 있다. 1945. 4. 14 사진: John R. Briza

독일 민간인들이 노르트하우젠 강제수용소에서 발견된 희
생자들의 시신을 집단 무덤에 매장하고 있다. 1945. 4. 14
사진: John R. Briza

부윌 민간인들이 노르트하우젠 강제수용소에서 살해된 포로들의 시체를 수습해 중앙 막사 앞에 길게 안치해 놓았다. 1945. 4. 12 사진: James E. Myers

포로로 붙잡힌 독일군 포로들이 군스키르헨 강제수용소
에서 발견된 시체들을 수습하고 있다. 1945. 5. 7 사진:
Albert Mozell

독일 민간인들이 시체를 무덤으로 옮기기 위해 들것에 싣고 있다. 희생자들은 가르델레겐 외곽에서 나치 친위대에 의해 살해되었다. 1945. 4. 18

노르트하우젠 강제수용소에서 살해된 희생자들의 시신이 미군의 명령으로 독일 민간인들이 파 놓은 집단 무덤에 놓여져 있다. 1945. 4. 13-14 사진: D. P. Elloit

해방 직전 SS 친위대에 의해 살해된 포로들의 시체가 오
르드루프 강제수용소에 흩어져 있다. 1945. 4. 4 사진:
Willam Newhouse
◀ 뵈브벨린 포로수용소에서 숨진 포로들의 시체를 매장하
고 있다. 1945. 5. 7 사진: Ralph Forney

미군들의 감독 아래 독일 민간인들이 가르델레겐 외곽의
헛간에서 SS에 의해 살해돼 암매장한 포로들의 집단 무덤
을 발굴하고 있다. 1945. 4. 18
▶ 미군들의 지휘 아래 독일 민간인들이 자이츠 동쪽의 집
단 무덤에서 포로들의 시신을 발굴하고 있다. 1945. 6. 18
사진: Ernest J. Braun

522

미군 한 명이 노르트하우젠 마을 집단 무덤에 묻힐 아이들
의 시신을 바라보고 있다. 1945. 4. 14 사진: D.P. Eliot

한 독일인이 슈트트롭 마을 밖의 집단 무덤에서 발굴한 아
기의 시신을 바라보고 있다. 1945. 5. 3

남메르링 출신의 독일인 여성들이 집단 무덤에서 발굴된
수감자들의 시체들 사이를 걸어가고 있다. 1945. 5. 6 사
진: Howard E. James

해방된 군스키르헨 강제수용소 숲에 처형된 수감자들의 시
체가 방치돼 있다. 1945. 5. 7 사진: Robert E. Hollyway

미군들의 감독 아래, 남메르링 출신의 독일 민간인들이 마을 근처의 집단 무덤에서 발굴된 수감자들의 시체들 사이를 걷고 있다. 미군은 독일 민간인들에게 학살 현장을 보여주려 했던 것 같다. 1945. 5. 6

미군들의 감독 아래 독일 민간인들이 솔링겐의 부근의 집
단 무덤에서 71명의 정치범들의 시신을 발굴했다. 1945.
4 사진: Bob Grey

미군들의 감독 아래, 한 독일 여성이 남메르링 근처의 집단
무덤에서 발굴된 수감자들의 시체들 사이를 걸어가고 있
다. 1945. 5. 6 사진: Edward Belfer

한 독일 어머니가 슈트트롭 마을 외곽의 집단 무덤에서
발굴된 시신 사이를 지나면서 아들의 눈을 가리고 있다.
1945. 5

독일 민간인 여성들이 숲에서 발견된 시체를 마을 묘지로
운구하고 있다. 1945. 4. 29 사진: Wendell N. Hustead

뮈엘하임의 독일 여성들이 러시아 전쟁포로 희생자들의 관
에 헌화하고 있다. 1945. 5. 1

독일 민간인들이 노르트하우젠 강제수용소에서 처형돼 암매장한 포로들의 시신을 수습해 집단 무덤으로 옮기고 있다. 1945. 4. 14 사진: John R. Driza

독일 민간인들이 마을 근처의 집단 무덤에서 발굴한 폴란
드인, 러시아인, 헝가리인, 유대인 들의 장례식을 진행하고
있다. 1945. 4. 25 사진: J. Pestareck

독일 민간인들이 인근 숲에서 발견된 시신을 마을의 공동묘지로 옮기고 있다. 1945. 4. 29 사진: Edward Belfer

시신을 수습해 새로 마련한 부헨발트 강제수용
소 부속 캠프의 공동묘지. 1945

6. 전범 재판 War Criminal Trial

… 무죄라고 말하는 것은 …, 마치 전쟁이 없었다고 말하는 것과 같다.
- 로버트 H. 잭슨, 미국 측 검사

전쟁이 끝난 후에는 독일인들을 원망했지만 곧 마음을 바꿨습니다. 세상에는 선한 사람도 있고 악한 사람도 있지만 누군가를 미워한다는 것은 좋은 일이 아니라는 생각이 들었어요. 나는 비로소 하나님을 믿기 시작한 것이죠. - 만프레드 클라인, 독일 포젠 출신 아우슈비츠 강제수용소 생존자

1942년, 겨울을 시작으로 연합국 정부는 나치 동맹국들의 전쟁 범죄를 처벌하겠다고 공표하였다. 1942년 12월 17일, 미국, 영국 및 소련의 지도자들은 유럽 유대인에 대한 대량 학살을 인지하고 이들을 기소할 뜻을 명확히했다. 1943년 10월, 모스크바 선언은 당시 전쟁 범죄에 대해 책임이 있는 자들을 범죄를 자행한 국가로 이송하여 해당 국가법에 따라 재판을 받도록 규정하였다. 아울러 그 범죄 행위를 특정 지역과 연관시킬 수 없는 주요 전쟁 범죄자들의 경우에는 연합국 정부들이 합의하여 처벌하기로 결정하였다.

　뉘른베르크 국제군사재판(Nuremberg International Military Tribunal) 또는 뉘른베르크 전쟁범죄 수괴 재판(독일어: Nürnberger Prozess gegen die Hauptkriegsverbrecher)은 제2차 세계대전 이후 연합국이 국제법 및 전시법에 따라 거행한 국제군사재판이다. 피고들은 나치 독일의 지도층 및 상급 대

장 및 원수급 군인으로, 홀로코스트를 비롯한 여러 전쟁 범죄를 계획, 실행 또는 관여한 혐의로 피소되었다. 1945년 10월 18일부터 1946년 10월 1일까지 열린 국제군사재판은 평화위협 범죄 혐의, 전쟁 범죄 혐의, 그리고 인류에 대한 범죄 혐의와 이러한 범죄를 공모한 혐의로 22명의 주요 전범들을 기소하였다. 국제군사법정은 인류에 대한 범죄를 "인간을 정치적, 인종적, 종교적 배경에 따라 탄압하고… 살해, 말살, 노예화 및 수송한 혐의"로 규정하였다. 이때 기소된 자들 중 제3제국의 제국원수인 헤르만 괴링(Hermann Göring), 나치 독일의 폴란드 총독 한스 프랑크(Hans Frank), 동유럽 점령지 관리장관 알프레드 로젠베르그(Alfred Rosenberg), 나치당 고위 간부 율리우스 슈트라이허(Julius Streicher)를 포함한 12명이 사형 선고를 받았다. 이

뉘른베르크 국제군사재판 법정. 1945

들은 모두 독일 제3제국의 반유대주의 사상과 실천 그리고 전쟁중에는 동유럽의 유대인 학살에 깊이 연루된 인물들이다. 특히 한스 프랑크는 폴란드 점령 직후(1939. 9)에는 총독으로 임명되었으며, 유대인들의 게토 강제 수용과 재산 몰수, 시민권 박탈 등의 공포 정책을 시행했다. 이들 피고 측 변호인단은 피고들이 단지 명령을 따랐을 뿐이며 무슨 일이 일어나고 있는지 이해하지 못했다고 주장했다. 헤르만 괴링은 제국의 반인류적 행위에 대해 아무것도 아는 바가 없었다고 증언했다. 그들은 모든 책임을 이미 사망한 나치들에게 돌려졌다. 한스 프랑크는 진범은 히틀러라고 말했다. 괴링은 교수형이 집행되기 전 몰래 소지하고 있던 청산가리로 자살했지만, 다른 10명은 교수형에 처해졌다.

> 9개월간의 재판은 우리를 변화시켰다. 자신을 합리화하기 위한 공격적인 단호함으로 재판에 임했던 괴링조차도, 그의 마지막 진술에서는 만천하에 드러난 끔찍한 범죄에 대해 이야기하고, 참혹한 집단학살을 비난하고 납득할 수 없음을 인정했다. 카이텔은 다시 그런 범죄에 말려드느니 차라리 죽음을 택하겠

뉘른베르크 교도소에 수감중인 헤르만 괴링 (1893~1946). 그는 나치당의 초기 당원이자, 나치 돌격대(Sturmabteilung, SA)의 지휘관을 지냈고, 비밀경찰 게슈타포를 창설했다. 그는 독일 공군을 창설한 뒤 종전 때까지 총사령관(제국원수)을 지냈다. 제2차 세계대전 종전 이후에 뉘른베르크 재판에서 사형을 선고받았지만, 군인으로서 총살형 집행을 원했으나 교수형이 결정되자 사형이 집행되기 전날 수감된 감방에서 자살했다.

하인리히 힘러(1900-1945)는 히틀러의 지시를 받아 유럽 곳곳에 강제수용소를 만들고 홀로코스트를 독려해 수백만을 대량 학살했다. 인종주의와 나치즘에 대한 광신자로 자신의 권력욕을 채우기 위해 히틀러에게 절대 복종했다. 나치스 친위대장으로서 강제수용소를 친위대의 감독하에 두어서, 그는 유대인 대학살과 탄압의 원흉이 되었다. 제2차 세계대전중에는 특히 유대인 강제수용소의 운영과 유대인의 절멸을 위해 광분하였다. 1943년 내무장관, 1944년 전(全) 예비군사령관을 맡아 히틀러에 버금가는 권력자가 되었다. 전쟁 말기에는 연합국과의 강화를 도모하다가 히틀러로부터 모든 권력을 박탈당하였다. 전후에 연합군에게 체포된 직후 자살하였다.

뉘른베르크에서 열린 전범 국제군사재판의 피고석의 독일 제3제국 수뇌부들. 앞줄 왼쪽부터 헤르만 괴링(제국원수), 루돌프 헤스(부총통), 요하임 폰 리벤트로프(외무장관), 빌헬름 카이텔(육군 원수). 1945. 10. 1

다고 말했다. 프랑크는 히틀러와 독일 국민들이 지게 된 죄에 대해 설명했다. […] 슈트라이허도 최후 진술에서 히틀러의 '유대인 대학살'을 비난했다. 풍크는 자신을 수치심으로 가득 채우는 소름끼치는 범죄에 대해 이야기했다. 샤흐트는 "내가 막고 싶었던, 필설로 다하기 힘든 참상에 영혼 깊은 곳까지 흔들린다"고 말했다. 자우켈은 "재판 과정에서 드러난 범죄로 마음 깊은 충격을 받았다"고 말했다. 파펜은 "악의 힘은 선의 힘보다 강하다는 것이 입증되었다"고 말했다. 자이스 인크르바이트는 '두려운 극단'에 대해 말했다. 프리체는 500만의 인명을 살상한 것은 "미래에 대한 무시무시한 경고"라고 말하기도 했다. 그러나 이들은 모두 자기 자신의 책임을 부인했다. -알베르트 슈페어, 『기억-제3제국의 중심에서』(김기영 옮김) 마티, 2007. pp. 875-876

1946년 12월과 1946년 4월 사이, 미국 검사들은 177명을 기소하여 97명의 피고에 대하여 승소하였다. 의사들을 비롯하여 아인자츠그루펜[보안경찰 및 보안국 특수작전집단(Einsatzgruppen der Sicherheitspolizei und des SD)

뉘른베르크 전범 국제군사재판정에 출두한 알베르트 슈페어. 히틀러의 건축가로 불리는 그는 베를린을 비롯한 여러 주요도시 개발계획을 입안하고 총통청사, 괴링의 관저 등을 건축하였다. 군수탄약부 장관으로서 히틀러의 총애를 받았으며 종전 후 연합군에 체포되어 20년형을 선고받아 슈판다우 형무소에서 복역한 뒤 1966년 출소하였다. 그의 회고록 『기억』은 나치 제국에 대한 내부 증언, 히틀러에 대한 가장 내밀하고 탁월한 기록으로 평가받고 있다.

교수형에 처해진 아우슈비츠 강제수
용소 사령관 루돌프 회스. 그는 전범
재판에서도 전혀 죄책감을 느끼지 못
한 듯 끝까지 변명으로 일관했다.

은 나치 친위대(SS) 산하의 준군사조직으로, 제2차 세계대전 기간 발생한 독
일군의 학살행위 중 주로 사살을 이용한 학살행위에 대한 책임이 있는 죽음
의 부대다.] 단원들, 독일 사법부 및 외무성 관료들, 독일 고위급 관료들과 산
업가들이 재판에 회부되었다.

아울러 1945년 종전 후 열린 전범 재판에 많은 수의 사무관 및 하급 장교
들도 회부되었다. 전쟁 직후에는 독일(및 오스트리아)를 점령한 4개 연합
국-미국, 영국, 프랑스와 소련-은 각국의 점령지에서 재판을 열고 전쟁시 벌
어진 여러 종류의 범죄에 대한 재판을 진행하였다. 이러한 지역에서 열린 초
기 재판, 특히 미군 점령지에서 이루어진 재판에는 독일이나 동맹국 군사들
에 의해 생포된 연합군 전쟁포로 살해에 대한 재판도 포함되어 있었다. 연합
국 검사들은 그들의 사법권을 수용소 경비대와 수용소 사령관들 그리고 유
대인 및 탄압 기타 피해자들에 대하여 자행된 범죄의 책임자들에 대한 재판
에 더 치중하였다. 오늘날 우리가 강제수용소 시스템에 대하여 알고 있는 많

은 사실들은 이 기간중에 증거로 제출되거나 목격자들의 증언과 보고서에 기초하고 있다.

　제2차 세계대전중 독일이 점령하였거나 독일에 협력하여 무고한 시민들, 특히 유대인들을 탄압한 국가의 관료들 역시 재판을 받았다. 폴란드, 전 체코슬로바키아, 소련, 헝가리, 루마니아, 프랑스에서 그리고 기타 관련자들까지 합치면 수천 명의 피고들-독일인들과 각 지역의 협력자들이 1945년부터 수십 년간 재판을 받았다. 폴란드에서 가장 유명한 재판은 1947년 크라쿠프에서 열린 국제 재판일 것이다. 이 재판은 아우슈비츠 강제수용소에 종사한 많은 관계자들에 대하여 열린 재판으로, 아우슈비츠 강제수용소 사령관인 루

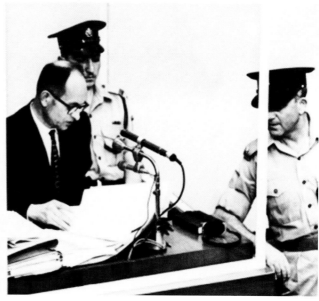

피고 아돌프 아이히만이 예루살렘에서 재판을 받는 동안 조서를 살펴보고 있다. 피고인석을 유리 부스로 만들어 혹시 있을지 모를 암살로부터 그를 보호했다. 유대인 절멸이라는 '최종 해결'의 기획자로 전후 아르헨티나로 도망쳤던 아이히만은 이스라엘 정보기관 모사드에 체포되어 예루살렘으로 압송되었다. 재판 후 그는 1962년 감옥에서 교수형에 처해졌고, 시신은 지중해에 수장되었다. 1961

돌프 회스를 비롯한 많은 피고들이 사형 언도를 받았다.

독일 탄압자들에 대하여 열린 재판 중 가장 유명한 재판은 예루살렘에서 열린 유럽 유대인 '최종 해결'의 기획자, 아돌프 아이히만(Adolf Eichmann)에 대한 재판으로 1961년 이스라엘 법정에서 열렸다. 그는 이스라엘 정보기관 모사드가 국제 공조를 통하여 아르헨티나에서 생포해 이스라엘로 압송했다. 그의 재판은 전후 세대가 홀로코스트에 대하여 새롭게 관심을 가지는 계기가 되었고, 재판 이후 그동안 침묵하고 있던 수용소 생존자들의 증언이 봇물 터지듯이 나왔다. 특히 이 재판의 증인으로 출석한 한 홀로코스트 생존자의 증언은 큰 충격을 안겨 주었다. 그는 에이헬 디누르(Yechiel Dinur)로 폴란드 출신 유대인으로 홀로코스트에서 살아남았으며 홀로코스트에 관한 첫 번째 책을 쓴 생존자다. 판사가 그에게 기억나는 대로 말해 달라고 하자 그는 아우슈비츠의 기억을 고통 속에 더듬어 나가다 채 2분도 되지 않아 기절해 버렸다. 재판 실황 중계방송을 듣던 이스라엘인들에게 이날의 상황은 홀로코스트 생존자들에 대한 인식을 새롭게 하는 계기가 되었다.

나치 시대의 많은 탄압자들 중에는 재판에 회부되지도 처벌을 받지도 않은 사람들도 많았다. 전후 독일 사회의 정상적인 삶으로 돌아가 자신의 직업을 그대로 영위하는 자들이 부지기수였다. 그럼에도 독일과 동맹국들의 나치의 전쟁 범죄에 대한 단죄는 현재까지도 계속되고 있다. 가장 최근의 일로서는 2016년 6월, 아우슈비츠 강제수용소의 학살을 방조한 혐의로 94세의 노인이 된 과거 나치 친위대원(SS)에게 독일 법원이 징역 5년을 선고한 바 있다.

뉘른베르크에서 열린 국제군사재판정에서 한 목격자가 전
쟁범죄에 대해 증언하고 있다. 1945

헤르만 괴링이 뉘른베르크에서 열린 전범 국제군사재판의
증인석에서 증언하고 있다. 1945

군사재판정의 검찰팀이 피고인들의 진술을 청취하고 있다.
1947. 4. 18

피고 루드비히 크놀이 다하우 강제수용소 전직 경비원들에
대한 재판에서 진술하고 있다. 1945. 12. 7

피고인 빈센츠 노헬이 마우타우젠 강제수용소 전쟁 범죄
재판에서 자신의 진술서를 낭독하고 있다. 그는 나중에 교
수형에 처해졌다. 1946. 3. 5

전직 SS 장군이었던 피고 오스발트 포흘이 전범재판에서
사형을 선고받고 있다. 1947. 11. 3

피고인 오토 포에르슈너가 다하우 강제수용소에서 있었던
일들을 법정에서 진술하고 있다. 1945. 11: 1

수용소에 수감되었던 릴레 신부가 강제수용소 경비원들
에 대한 재판에서 증언하고 있다. 오른쪽은 법원 통역사.
1946. 6. 21

다하우 강제수용소에서의 인체실험에서 1천 명이 넘는 수감자들에게 말라리아를 감염시킨 의사 클라우스 칼 실링 박사에 대한 재판에서 실링 박사가 진술하고 있다. 1945. 12. 7

한스 알투풀디쉬가 마우타우젠 강제수용소 전범재판에서
교수형을 선고받고 있다. 1946. 5

하인츠 톰하르트 전 SS 중위는 말메디 대학살에 관여한 혐의로 교수형을 선고받고 있다. 1946. 6. 16.

재판정에 선 부헨발트의 마녀 일제 코흐. 부헨발트 강제수용소 소장 카를오토 코흐의 아내. 수감자들에게 성적 학대를 가했고, 수감자 사체의 피부로 전등갓을 만드는 등 기행을 일삼았다. 제2차 세계대전 종전 후 서독 법정에서 종신형을 선고받고 아이하흐에 있는 교도소에서 복역중 1967년 자살했다.

검찰측 증인으로 나온 마리아 게른샤임이 부헨발트 강제수
용소의 전직 경비원들에 대한 재판에서 그들의 범죄 사실
을 증언하고 있다. 오른쪽은 독일어 통역사. 1947. 6. 4

도라−미텔바우 전투중 저지른 전쟁범죄 혐의로 재판을 받
고 있는 19명의 전범 가운데 16명. 1947. 9. 19

수용소 세탁소의 전 감독인 피고 빌헬름 바그너가 다하우
강제수용소의 죄악상에 대해 진술하고 있다. 1945. 11. 30

7. 자유를 찾아서 In Search of Freedom

몇 년 전까지만 하더라도 나는 우리 아이들에게 홀로코스트에 관해 말하지 않 았습니다. 그러나 나중에 나는 다음세대들을 위해 내가 겪은 것을 말해야 한다 고 느꼈습니다. 우리는 인간이 저지른 실수와 인간이 얼마나 비참해질 수 있는 가를 배워야 할 필요가 있어요. - 프레드 바롱, 오스트리아 비엔나 출신 베르 겐-벨젠 강제수용소 생존자

유대인이나 비유대인이나 모두 인간으로서 따뜻한 마음을 가지고 있지요. 우 리는 무슨 일이 벌어졌는지 알아야 합니다. 히틀러나 나치즘이 다시는 재현되 어서는 안 됩니다. - 세바 슈어, 폴란드 출신 베르겐-벨젠 강제수용소 생존자

1945년, 영미 연합군과 소련군이 강제수용소로 진군해 들어왔다. 그들은 산 더미처럼 쌓인 시체와 유골, 그리고 사람을 화장하고 남은 재를 발견하였다. 또한 굶주림과 질병으로 신음하는 수천 명의 생존자들-유대인과 비유대인- 과 마주쳤다. 생존자들은 일부 유럽에 계속된 반유대주의(유대인 혐오 현상) 에 대한 두려움과 그들이 겪은 끔찍한 재난에 의한 후유증으로 인하여, 해방 이후에도 많은 사람들이 자신의 고향으로 돌아가기를 꺼려하였다. 귀환한 일부 생존자들은 삶에 대한 극심한 공포를 나타냈다. 예를 들어 전후 폴란드 에서는 몇 건의 대박해(Pogrom, 폭력적인 반유대인 폭동)가 발생하였다. 이 러한 박해 중 가장 규모가 큰 것은 1946년 키엘체에서 발생한 것으로 폴란드 의 폭도들은 최소 42명의 유대인을 살해하고 많은 다른 유대인들을 구타하

고 학대하였다.

　집을 잃은 수만 명의 홀로코스트 생존자들은 서방 연합국에 의해 해방된
다른 유럽 지역으로 가기 위해 서쪽으로 이동하였다. 거기서 그들은 독일의
베르겐-벨젠과 같은 수백 개소의 난민센터와 난민수용소(DP)에 수용되었
다. 국제연합 구제재활사업국(UNRRA)과 미국, 영국 그리고 프랑스 점령군
이 이러한 캠프를 운영하였다. 또한 다양한 많은 유대인 단체들이 이러한 유
대인 난민수용소를 지원하였다. 미유대인공동분배위원회(American Jewish
Joint Distribution Committee)는 홀로코스트 생존자들에게 음식과 의복을 제
공하였고, 재활훈련기관(Organization for Rehabilitation through Training,

유대인 지도자 벤 구리온(단상 가운데에 선 사람)이 이스라엘 건국 선언서를 낭독하고 있다. 이
스라엘로 간 홀로코스트 생존자들은 한때 내각의 50퍼센트를 차지할 정도로 이스라엘 정치와
사회 발전에 크게 기여했다. 단상 뒷쪽에 걸린 초상화는 시오니즘의 선구자 테오도르 헤르츨의
초상화다. 1948. 5. 14

제1차 중동전쟁시 이스라엘군의 최종 목표인 홍해 근처의 앨라트 지역을 점령한 이스라엘군이 급조해 만든 이스라엘 국기를 게양하고 있다. 제1차 중동전쟁에서 6,250명의 이스라엘 군인이 나라를 위해 희생당했는데 그중 47퍼센트가 홀로코스트 생존자였다. 그들이 가족 중 유일한 생존자였으므로 그들의 가문은 이 세상에서 대가 끊기게 되었다. 1949. 3

ORT)은 직업 훈련을 실시하였다. 또한 난민들은 스스로 단체를 조직하였고, 많은 사람들이 팔레스타인에 새로운 나라를 건설하기 위하여 힘썼다. 이중 가장 큰 규모의 생존자 단체는 쉐리타 플레타(Sh'erit ha-Pletah, 히브리어로 "남은 생존자들")라는 단체로서 보다 넓은 이민의 기회를 촉구하였다. 그러나 이민자 수를 제한하는 기존의 규정 때문에 합법적 미국 이민은 제한적일 수밖에 없었으며, 영국은 유대인의 팔레스타인으로의 이주를 아예 허용하지 않았다. 또한 유럽의 많은 국경들은 이러한 집 없는 사람들에게 문을 열지 않았다.

1945년 12월, 해리 트루먼(Harry Truman) 미국 대통령은 나치 치하에서 살아남은 생존자들에 대하여 미국 이민법의 인원제한 규제를 완화하는 명령을 내렸다. 이후 4만 1천 명의 강제수용소 생존자들이 미국으로 이민을 가게 되었는데, 이 가운데 약 2만 8천 명이 유대인이었다. 1948년, 미국 의회는 수용소 생존자들에 관한 법령을 선포하였다. 그후 1949년부터 1952년까지 강제수용소 생존자들에게 약 40만 건의 미국 비자가 발행되었다. 난민(Displaced Person)법에 따라 미국에 입국하게 된 40만 명 중 약 6만 8천 명이 유대인이었다. 동유럽에 남아 있던 유대인 난민들은 수용소 생존자 또는 난민의 자격으로 캐나다, 호주, 뉴질랜드, 서부 유럽, 멕시코, 남미 그리고 남아프리카 등지로 이주해 갔다.

이스라엘의 역사학자 기드온 그리피 박사에 의하면(2018) 홀로코스트가

독일 북부 브레머하펜 항구에서 다양한 국적의 홀로코스트 생존자들이 배를 타고 미국 이주를 을 위해 출항하고 있다. 1948. 8

끝나기 전인 1944년부터 포로교환과 군사교환을 통하여 홀로코스트에서 살아남은 유대인 피해자들이 이미 배를 타고 이스라엘 해변에 도착했다고 한다. 이에 놀란 당시 팔레스타인을 관리하던 영국 당국은 이들을 모두 체포했으나 여론이 악화되자 이들을 모두 키프로스 섬에 수용소를 개설해 구금하였다. 이들을 고문하거나 수치를 주지는 않았지만 생존자들은 또 다른 철창 속에서 수감생활(1946-1948)을 해야만 했다. 이들이 '약속을 땅'을 밟은 것은 이스라엘 건국 이후였다.

1948년 5월 14일, 이스라엘의 건국과 함께 유대인 수용소 생존자와 난민들은 새로운 독립국으로 봇물 넘치듯 흘러 들어갔다. "에레츠 이스라엘은 유태인의 탄생지였다…(중략)…이스라엘 국가는 중동 전체의 발전을 위한 공동의 노력에 참여할 준비가 되어 있다"는 유대인 지도자 벤 구리온의 선언에도 불구하고 건국 직후 레바논, 시리아, 요르단, 이라크, 이집트의 5개국이 이스라엘에 선전포고했기 때문에 제1차 중동전쟁이 벌어져 이후 팔레스타인은 중동의 또 다른 화약고가 되었다. 아랍의 15만 침공군에 대항하여 3만 명의 이스라엘군은 예루살렘 신시가와 텔아비브를 중심으로 도시 게릴라 전술로 맞섰다. 이스라엘에서는 제1차 중동전쟁을 '독립 전쟁'이라 부른다.

1953년경에는 약 17만 명의 유대인 수용소 생존자와 난민들이 이스라엘로 이주하였다. 이들 홀로코스트 생존자들은 이후 이스라엘의 정관계와 실업계에 진출해 신흥국 이스라엘이 독립국가로 자리 잡아나가는 데 크게 기여하였다.

유대인 고아들이 린덴펠스 난민 수용소에서 공연을 보며
웃고 있다. 1948. 4. 21
▶ 위, 유대인 난민들이 린츠에 있는 한 난민 수용소에서 빵
을 배급받고 있다. 1946
아래, 체코의 테레지엔슈타트(테레진) 강제수용소에서 구
출된 유대인들이 난민 수용소에서 따뜻한 식사를 제공받고
있다. 1945. 2

남미와 호주로 가는 유대인들이 마르세유행 버스를 타고 창밖을 내다보며 즐거워하고 있다. 1947. 7
◀ 남미와 호주로 가는 유대인 생존자들이 파리의 한 거리에서 그들을 마르세유 항구까지 실어다 줄 버스를 기다리고 있다. 1947. 7

팔레스타인으로 가는 독일 출신 유대인 고아들이 기차가
마르세유역에 도착하자 차창 밖을 내다보고 있다. 1948.
2. 25

유대인 생존자들이 독일 하겐로브 근처의 난민 수용소에서
몸을 씻고 있다. 1945. 5. 5

유대인 난민 수용소의 소년들이 랍비에게서 토라를 배우고
고 있다. 1948. 9

젊은 유대인 난민들이 팔레스타인으로 가는 배를 탈 나폴리 항구로 데려다줄 자동차를 기다리고 있다. 1945. 7

독일 전역의 난민 수용소에서 트럭으로 프랑크
푸르트에 도착한 유대인 청소년들. 1946. 4.
10

베르겐-벨젠 강제수용소에서 살아남은 한 무리의 청소년
들이 외교문제로 키프로스의 난민 수용소에 억류되었다가
이스라엘 텔아비브에 도착했다. 1948. 4. 12
▶ 두 유대인 닌민이 배가 이스라엘 하이파 항구에 도착하
자 창밖을 내다보고 있다. 1950

독일에서 이스라엘로 가는 여행의 첫발을 내디딘 유대인
아기. 1949. 9
▶ 키프로스 난민 수용소에 억류되었다가 이스라엘 하이파
항구에 도착한 유대계 이민자 가족. 1946. 9. 12

591

S IT'S NEW CITIZENS !

미국으로 이주하는 다양한 국적의 유대인 망명자들이 갑판
위에 나와 있다. 독일 북부 브레머하펜 항구. 1948. 10

우크라이나의 베우제츠(Belzec) 강제수용소에 건립한 홀로코스트 희생자 추모탑. "땅이여, 내 피를 덮지 말아 다오. 내 부르짖음이 쉴 곳도 나타나지 말아 다오!" 욥 16:18

KRYJ MOJEJ KRWI, IŻBY MÓJ KRZYK NIE USTAWA
O RESTING PLACE FOR MY OUTCRY ! JOB. 16:18

אדמה אל תכסי דמי ו

폴란드 바르샤바의 유대인 위령탑 앞에 무릎을 꿇고 있는
빌리 브란트(Willy Brandt,1913~1992) 서독 총리. 그는
무릎을 꿇고 고개를 숙여 오랫동안 묵념했다. 1970. 12. 7

홀로코스트와 한국의 민간인 학살

이창수

법인권사회연구소 연구위원

홀로코스트(Holocaust; Shoah)는 통상 나치 정권이 1941년부터 1945년 5월까지 시기에 나치가 통제했던 폴란드와 소련 서부지역 등 유럽 전역에서 유대인 500만에서 600만 명을 집단학살(Mark Levene; p. 67)한 인도에 반하는 범죄(crimes against humanity)를 뜻한다. 특정 인간 종에 속하는 집단이 다른 인간 종의 집단 또는 그 구성원을 말살하는 행위 가운데 가장 잘 알려져 있는 홀로코스트는 나치 정권이 유대인을 학살하는 방식으로 가스실에서 태워 없앤 행위를 지칭하는 개념어다. 홀로코스트는 대규모 학살이라는 점에서 집단학살, 대량 살해, 대량 살인, 대학살 등 학살을 둘러싼 용어와 공통점을 갖고 있지만, 유대인 집단이 표적이 되었다는 점에서 여타의 학살과 구별된다.

한국 현대사도 홀로코스트와 유사한 대규모 학살이 있었다. 1945년 일제 식민 지배에서 해방된 때부터 1948년 남북에 각각 단독 정부가 수립될 때까지 이른바 해방공간과 미군정기 시기에는 새로운 국가 건설을 위한 정치적인 기획이 진행되면서 좌우 정치세력의 대립과 남북 분단으로 이어지는 국제적인 재편 구도 속에서 크고 작은 학살이 있었다. 대구 10월사건, 제주 4·3사건, 여순사건 등이 그 대표적인 예다. 또 1950년 이른바 한국전쟁 기간 동안에도 무수한 민간인이 집단적으로 학살된 사건이 있었다. 이 문제에 대한 진상을 규명하기 위해서 2005년 진실화해위원회가 설치되어 진상 규명과 피해자 명예회복 조치를 시도했지만, 밝혀진 규모는 8천여 건에 불과하여 많게는 100만 명 이상으로 추정하는 학살 인원에 크게 미치지 못하고 있다.

홀로코스트와 한국전쟁 전후의 민간인 학살(이하 '민간인 학살'이라고 함)은 동일성과 상이성이 존재한다. 그런데 학살을 규정하는 개념어 사용에도 혼란을 일으키고 있는 것이 사실이다. 국내외를 막론하고 현대사에서 학살을 의미하는 용어들을 우선 살펴보면서 이런 혼란을 정리하는 일은 두

인민군의 서울 점령 기간중 부역을 한 혐의로 유죄 판결을 받은 민간인들을 국군이 서울 근교에서 총살을 집행하기 직전의 사진이다. 1950. 11. 17 사진: I.R. Rowin

현대사의 결정적인 사건을 비교하는 데 유용한 도구가 될 것이다. 비교 분석을 한다는 것은 동일한 시각적인 도구나 분석적인 틀을 요구하고 이를 통해서 다른 점과 같은 점을 인식하고 교훈을 얻을 수 있기 때문이다.

학살(massacre)은 살해(killing)의 한 유형으로 규모면에서 대량 살해(mass killing) 즉 대학살을 의미한다. 학살은 육신을 잡아 죽인다는 의미에서 살육(slaughter)의 의미도 있으며, 그 행태를 전시의 잔혹행위(atrocity)라고 부르기도 한다. 형사법적으로는 살인(murder)이기 때문에 대량 살인(mass murder)이라는 용어를 사용하기도 한다. 또 국제법적으로는 반인도 범죄(crimes against humanity)와 전쟁범죄(war crimes)의 한 유형이다.

잘 알려진 용어인 제노사이드(genocide)는 집단학살이나 집단살인죄로 번역하는데 이는 이른바 1954년에 발효된 제노사이드협약에 따른 범죄를 의미하며 우리 외교부의 공식 번역이기도 하다. 특히 제노사이드협약에서는 특정한 민족, 인종, 종족 그리고 종교적인 집단이나 그 구성원에 대한 학살만을 한정해서 말한다. 홀로코스트는 유대인의 입장에서 나치의 유대인 학살만을 특정한 말이다. 나치는 유대인, 동성애자, 공산주의자, 유럽의 집시 로마인(Roma)을 표적 집단으로 삼아 학살했다. 표적 집단의 절대 다수는 나치가 통제하던 유럽 대륙 전역의 유대인이라는 의미에서 홀로코스트는 나치가 자행한 대학살을 의미한다. 우리나라의 진실과 화해를 위한 과거사 정리 기본법에는 집단 '희생자'라는 용어를 사용한다. 이는 일종의 순화된 용어로 정치적으로 가해 주체의 행위를 옹호하는 집단이 존재하기 때문에 타협의 결과로 만들어졌다. 그러나 희생은 대의를 위해서 몸을 바친 경우에 쓰이는 말로서 민간인 학살의 본질을 드러내지 못하는 한계가 명백한 용어다. 필자는 집단학살은 "집단의 형태를 막론하고, 그 집단에 속했다는 이유로 일방적으로 살해당하거나 의도적으로 살해하는 사회적·문화적·정치적 행위의 총체"라고 본다(이창수; p. 28). 위의 개념과 용어에 유의하면서 홀로코스트와 민간인 학살을 가해 주체, 대상, 시기, 지역과 방식,

해결과정으로 비교해 본다.

학살 가해자　홀로코스트와 민간인 학살의 가해 주체는 국가 또는 정부이다. 가해자의 범위에는 기획, 명령/지시, 실행, 방조, 협력한 일체의 국가와 정부기관의 종사자들이다. 홀로코스트의 경우에는 나치 독일, 나치의 지배하에 있었던 유럽 대륙의 괴뢰 정부와 행정 조직이 학살에 직·간접적으로 가담했다. 홀로코스트의 경우 직접 학살을 기획하고 실행한 조직이 군의 정보부대인 SS의 특수대였다. 이에 비해 민간인 학살은 미군, 한국군, 경찰과 우익청년단[과 북한 인민군]이 직접 관여했다. 남한 지역에서의 학살은 노근리학살사건과 같이 미군이 자행한 학살을 제외하면 한국군의 특무부대가 기획·지휘하고, 헌병과 현지 경찰이 실행했으며, 우익청년단원들이 군과 경찰의 방조와 묵인하에 학살을 자행했다. 민간인 학살을 제노사이드 즉 집단살인의 한 유형으로 파악하는 학자들도 있다. 루돌프 럼멜(Rudolph Rummel)의 개념으로 보면 두 유형 모두 집단학살의 상위 개념인 다중학살 (democide)이면서도, 홀로코스트는 좁은 의미의 인종학살을 의미하는 제노사이드 즉 집단살인이고, 민간인 학살은 국가 또는 지배적인 정치집단이 정치적인 이유로 국가와 행정기관을 동원하여 직접 또는 후원하는 방식으로 학살하는 폴리티사이드(politicide)의 유형에 속한다(Samuel Totten & Paul R. Bartrop; pp. 106-107 참조).

학살 피해자　두 경우 모두 비무장 민간인이 학살 피해자였다. 이런 면에서 집단학살은 국가 권력이나 국가 무력에 가장 취약한 집단과 그 집단에 속한 사람들에 대한 공격을 의미한다. 학살 피해자의 저항은 거의 존재하지 않는다. 홀로코스트 피해자는 전쟁 기간중에 나치가 통제하는 유럽 대륙 전역의 유대인들이다. 즉 나치의 학살 표적은 다른 종족과 다른 국민(독일계 유대인은 1935년 나치 제국 시민법Nazi Reich Citizenship Law에 따라 독일 시민권

전주교도소의 학살사건의 집단 매장지에서 유족과 주민들이 시신을 수습하고 있다. 1950. 9. 29 사진: F.T. Tarr

을 박탈당했다)이었다. 반면 민간인 학살은 자국민 중에서 이념적으로 다른 집단에 속한 것으로 의심받거나 적에 동조할 가능성이 있다고 판단되는 집단과 그 구성원에 집중되었다. 민간인 학살의 경우에 실제로 적에 동조 가능한 자들이 아니라 무고한 민간인들이었다.

학살 시기 민족을 파괴하는 현상의 새로운 개념에 대한 새로운 용어로 제노사이드를 처음 제시한 라파엘 렘킨(Raphael Lemkin)은 제노사이드가 반드시 한 민족[집단]을 즉시 파괴하는 것을 뜻하지 않는다고 본다. 물론 그 민족[집단]의 구성원 모두의 대량 살해를 수반할 때는 예외이다(Raphael

Lemkin; p. 79). 렘킨의 개념에 따르면 유대인 집단에 대한 정치적·사회적·경제적·문화적인 파괴는 나치가 집권한 1933년부터 지속되었다. 나치 독일의 제노사이드는 1935년 독일계 유대인의 시민권 박탈, 1939년 11월 나치 통제 유럽 전역에 유대인의 노란별 착용 의무화로 법적인 분리와 함께 독일 경찰과 나치당이 일상적 박해하였고, 1938년 11월 이른바 수정의 밤 학살(Kristallnacht Pogroms)로 고조되었다. 유대인 재산의 강제 수용, 수용소 유치, 공식적인 추방 정책이 1939년 9월 나치 독일의 폴란드 침공 이후에 산발적인 대규모 학살과 거주지 제한 등으로 이어졌다. 1941년 6월 나

미군의 대대적인 폭격으로 사망한 희생자의 시신 앞에서 북한의 한 할머니가 통곡하고 있다. 1951. 5

치의 소련 침공과 군사적인 패배 이후에는 유대인에 대한 '최종적인 해결책'으로 조직적이고 총체적인 유대인 말살 정책이 공식화되었다. 러시아 국경지역 유대인 거주지에서는 군사적인 학살이 반복되었고 나치가 직간접적으로 통제하는 지역에서는 유대인 추방 계획을 대체해 죽음의 가스실을 설치하는 등의 방식으로 대량 살인, 즉 즉시 파괴가 1945년까지 지속되었다(Mark Levene; pp. 67-70).

홀로코스트는 장기적인 정책의 일환으로 진행되었고 직접 집단학살이 이루어진 것은 전쟁 시기이다. 민간인 학살은 1946년부터 1949년까지 대구, 제주, 여수와 순천 등 국내 소요와 반란 진압과 공비 토벌을 명분으로 한 무력 진압 과정 그리고 한국전쟁 발발과 함께 일어났다. 두 경우 모두 전쟁 또는 이에 준하는 무력 충돌 기간 중에 발생했다. 홀로코스트는 '최종적인 해결책'으로 유대인을 집단학살하여 학살 그 자체가 나치의 공식적인 정책의 일환이었지만, 민간인 학살은 무력 충돌 중에 적에 가담 또는 동조의 차단이라는 명분으로 '예비적' 군사작전의 일환이면서 '최종적으로' 이념적 반대파를 제거할 정치적인 목적을 동시에 갖고 진행되었다.

학살지와 학살 방식 집단학살은 국가나 정부가 군사력과 경찰력으로 동원할 수 있는 지역에서 이루어진다. 지리적으로 보면 홀로코스트는 독일과 독일의 위성국 및 괴뢰정부가 수립된 유럽 대륙 전역에서 이루어졌다. 일시적으로 군사 점령한 지역에도 유대인에 대한 학살은 진행되었다. 반면 민간인 학살은 미군정청과 이후 남한 단독 정부의 관할에 속하는 모든 지역에서 이루어졌다. 특히 한국전쟁 기간 동안의 민간인 학살은 국군이 후퇴하는 퇴로를 따라 이루어졌다. 학살의 방식으로 홀로코스트는 음식물 제공 거부 등 기근과 궁핍 등을 이용한 경제적인 학살과 수용소 집단 유치, 가스 주입, 시체를 태워 절멸시키는 방식을 취한 데 비해, 한국전쟁기에는 주로 학살 표적 집단을 비교적 짧은 기간 내에 집단 유치와 수용(이른바 검속, 또는 예비검속)을 거쳐 외진 곳에서 총살한 뒤, 암매장하는 방식을 취했다. 두 경우 모두 재판은 없었으며, 학살의 실행만이 있었다.

집단학살의 해결과정　국제적으로 승인된 과거청산의 일반적인 원칙은 진상규명, 피해자 명예회복, 가해자 처벌과 손해 배상 그리고 재발방지 대책이다. 집단학살은 당연히 과거 청산의 중요한 영역이다. 집단학살 문제는 국가나 정부가 직간접적으로 자행했기 때문에 당연히 국가에 준하는 공식적인 힘과 제도를 통해서 해결할 수 있다. 홀로코스트의 가해자는 국제법정에서 처벌하거나 일시적으로 나치의 위성국 또는 괴뢰국이었거나 침략을 받았던 유럽 대륙의 각국이 이른바 나치 부역자를 처벌했다. 가해 책임자와 실행자, 방조자를 처벌하는 과정에서 법리적인 이론이 개발되었고, 그 입증을 위한 진실도 어느 정도 드러났다. 이에 반해 민간인 학살 문제는 민주사회로의 이행기 과정의 정의 실현, 즉 이행기적 정의(transitional justice)의 일환으로 민주정부가 수립된 이후에 해결 노력을 보였지만 아직도 가해 책임자, 그 실행자, 동조자도 분명하게 밝혀지지 못하고 있다.

　가해자 처벌은 법적인 정의의 문제다. 한국에서는 사법 정의가 실현되지 않고 있다. 홀로코스트의 경우는 연합국이 승리하여 학살 주체인 나치 정권을 괴멸시켰지만, 민간인 학살은 한국전쟁 휴전으로 냉전이 본격화되면서 가해 주체인 국가나 정부가 계속 집권하고 있었기 때문이다. 더욱이 1960년 4월혁명으로 이승만 정권이 퇴진하고 이후 구성된 의회에서 민간인 학살 문제를 해결하기 위한 시도가 있었지만, 이듬해 있었던 박정희 쿠데타로 무산되고, 피학살 유가족들은 오히려 재판과 연좌제, 빨갱이 낙인 등 정치적, 제도적, 사회적 탄압과 차별을 받아왔다. 진상규명과 피해자의 명예회복을 위한 정의는 지연되었다.

　홀로코스트를 기억하고 그 피해자들을 기리기 위한 기념물과 기념관은 독일뿐만 아니라 여러 나라에 세워졌다. 민간인 학살 문제는 아직도 진상

조차 제대로 파악하지 못하고 피해자 유족 일부만이 약간의 손해 배상을 받은 정도이다. 홀로코스트는 보편적인 전쟁범죄, 반인도 범죄, 제노사이드 범죄로 다루어지지만, 민간인 학살 문제는 아직도 아픈 역사이거나 가해자와 피해자의 상생, 그리고 책임자조차 특정하지 못하는 상황이다. 그나마 아시아의 여타 나라가 집단학살의 역사를 바로잡지 못하고 있는 상황에서 한국이 조금 해결했다고 자조할 일은 아니다. 민간인 학살을 당대에 해결하지 못해, 권력에 의한 정치적인 살인은 처벌되지 않는다는 신화를 남겼고, 70년대 수많은 정치적인 의문사를 양산했으며, 베트남전에 파병된 한국군의 베트남 민간인 학살이 자행됐어도 진실과 가해자는 공식적으로 밝혀지지 않고 있다. 80년대 광주민주화운동 기간중의 신군부가 저지른 시민에 대한 학살도 여전히 진실이 밝혀지지 않고 있다.

홀로코스트 문제는 가해국인 독일이 공식적인 반성과, 공식적인 기억과 책임 있는 배상을 통해서 세계와 새로운 미래를 만들어간다는 점도 민간인 학살 문제와 다른 점이다. 이념을 배경으로 한 민간인 학살 문제 해결 없이 피해자와 국가 사이에, 그리고 남북 사이에 화해는 병존할 수 없다.

참고문헌

이창수, 「과거청산과 인권발전: 정치변동에 따른 집단학살을 중심으로」 (석사학위논문), 서강대학교 공공정책대학원, 2010.8.

Mark Levene, *Genocide in the Age of the Nation-State Volume I: The Meaning of Genocide*, I.B. Tauris & Co. Ltd, 2005.

Raphael Lemkin, *Axis Rule in Occupied Europe: Laws of Occupation - Analysis of Government - Proposals for Redress*, Carnegie Endowment for International Peace, 1944.

Samuel Totten & Paul R. Bartrop, *Dictionary of Genocide*, Greenwood Press, 2008.

홀로코스트 연표: 1933-1945

1933

1. 30
아돌프 히틀러
독일 수상 취임

2. 28
나치 비상사태
선포

3. 22
다하우 수용소
설립

7. 14
나치당 창당

1934

1. 26
독일 폴란드
불가침조약

1935

7. 14
뉘른베르크
법 제정

1936

3월
뉘른베르크
법 공표

8월
베를린
올림픽

1938

11. 9-10
크리스탈 나하트

9. 29
뮌헨 협정: 연합국 체코의
수데테란트 독일에 양도

7. 6-13
에비앙 회의:
난민정책 토의

3. 13
독일, 오스트리아
합병

1937

9. 7 히틀러
베르사이유조약
파기 선언

1939

5월
영국 화이트 페이퍼:
유대인 팔레스타인
이주 제한

8. 23
독일 소련
불가침협정 체결

9. 1
독일 폴란드
침공

9. 2
영국과 프랑스
독일에 선전포고

9. 17
소련군 동부
폴란드 침공

10. 8
폴란드 내
첫번째 게토
설립

1941

4. 27
독일
바르바로사
작전으로
소련 침공
두 개의 전선
형성

3 24
독일
북아프리카
침공

1940

10. 16
바르샤바 게토
설립 명령

4. 27
하인리히 힘러, 아우슈비츠
강제수용소 설립 명령
5. 20일 완공

10. 8
독일, 덴마크
노르웨이 벨기에
등 점령

2. 12
독일 내 유대인
폴란드로 추방
시작

7. 31
라인하르트 유럽 내
유대인 '최종 해결' 방침 선언

12. 7
일본
진주만 공습

12. 11
독일 이탈리아
미국에 선전포고

1942

7. 20
반제 회의
'최종 해결'
확정

봄-가을
폴란드 게토 폐쇄
유대인 강제수용
소로 이송

11. 19-20
소련군
스탈린그라드 기습

1944

5월-7월
헝가리 유대인
아우슈비츠로
추방
437,402명
6. 6
노르망디작전
7월
소련군
마이다네크
수용소 해방

10. 2
덴마크, 유대인
7만 2천 명 구출

6-11
하인리히 힘러
폴란드 및 소련 내 게토
폐쇄 명령

4. 19-5. 16
바르샤바 게토 봉기

4-19
버뮤다 회의:
유대인 구조에
별무성과

1943

1. 18-21
바르샤바 게토
주요 전투 개시

1945

1. 27
소련군 아우슈비츠-비르케나우
수용소 해방

4월-5월
연합군 부헨발트, 베르겐-벨젠,
다하우, 마우타우젠 수용소 등
해방

4. 30
히틀러 자살
5. 7
독일 무조건 항복

5. 8
유럽 전승일
Victory in
Europe

11월
뉘른베르크
전범 재판 시작

참고문헌

로나 아라토, 『홀로코스트 '마지막 기차' 이야기』, 정영수 옮김, 솔빛길, 2014.

로버트 S. 위스트리치, 『히틀러와 홀로코스트』, 송충기 옮김, 을유문화사, 2004.

멜리사 뮐러, 『소녀 안네 프랑크 평전』, 박정미 옮김, 바움, 2005.

알베르트 슈페어, 『기억』, 김기영 옮김, 마티, 2007.

이규상 엮음, 『끝나지 않은 전쟁 6·25』, 눈빛, 2020.

이레네 구트 옵다이크, 『내 이름은 이레네』, 송제훈 옮김, 연암서가, 2011.

이승진, 『매체작가 브레히트』, 연극과인간, 2018.

존 심프슨, 『프로테스트!』, 이주명 옮김, 공명, 2012.

조지프 커민스, 『잔혹한 세계사』, 제효영 옮김, 시그마북스, 2011.

프리모 레비, 『이것이 인간인가』, 이현경 옮김, 돌베개, 2011.

Antony Penrose, *The Lives of Lee Miller*, Thames & Hudson, 1988.

Germar Rudollf, *Lectures on the Holocaust*, Theses & Dissertations Press, 2005.

Günther Schwarberg, *In the Ghetto of Warsaw*, Steidl Publishing, 2001.

Heinrich Hoffmann, *Adolf Hitler*, Cigaretten-Bilderdienst, 1936.

Jacob Apenszlak, *The Black Book of Polish Jewry*, The American Federation for Polish Jews, Inc., 1943.

Laurence Rees, *The Holocaust*, Penguin Books, 2017.

Marty Gitlin, *The Holocaust*, ABDO Pub. Co., 2011.

Michael Hirsh, *The Liberators : America's Witnesses to the Holocaust*, Bantam Books, 2010.

Patricia Levy, *Survival and Resistance*, Hodder Wayland, 2001.

Rodha G. Lewin, *Witnesses to the Holocaust*: An Oral History, Twayne Publishers, 1990.

United States Holocaust Memorial Museum / www.ushmm.org

Yad Vashem Holocaust History Museum / www.yadvashem.org

Blad TV https://youtu.be/6VrfpuWHxLw